正解がない時代のビジョンのつくり方

「自分たちらしさ」から始めるチームビルディング

自分たちらしさ

未来の社会像

ビジョンデザイナー 三澤直加

SE
SHOEISHA

はじめに

身近にあるビジョン

「ビジョン」「ミッション」「バリュー」「パーパス」。

このような言葉を耳にすると、企業のトップが経営コンサルタントとつくった、かっこいいタグラインを思い浮かべませんか？　企業の経営戦略に携わる一部の人が先導して決めているような感覚もあるかもしれません。

そうなると、「自分には関係ない」「自分にはつくれない」と感じる方もいるでしょう。

しかし、「ビジョン」を経営戦略から切り離してみたらどうでしょう。「自分たちのチームのビジョン」「自分たちのプロジェクトのビジョン」「この商品のビジョン」「町内会のビジョン」「家族のビジョン」。ビジョンは、より身近なものとなり、自分たちがつくっていきたい未来の姿として、日常的なものになります。

「ビジョン」は、一部の人だけがつくる特別なモノではなく、創造的に生きていきたい人たち、すべてに開かれたモノとなるはずです。

自分たちでつくる自分たちのためのビジョンづくり

本書では、自分たちでつくる、自分たちのためのビジョンづくりを扱います。

ビジョンをつくった人も、現場で活用する人も、ビジョンを共有していく人全員がチームとなって、互いにアップデートしていける方法論です。

これまでデザイン思考でビジョンをつくってきた筆者が、さまざまな現場で実際に活用してきた方法を体系化しました。デザイン思考とは、デザイナーの柔軟な発想力や視点切替力、洞察力などを活かして、ビジネス上の課題を解決する思考法です。複雑でやっかいな状況の中で、心に響くような新たな発想を生み出し提案していくことができます。また、ワークショップ形式で手を動かしながら試行錯誤する進め方も特徴的です。

本書で紹介するビジョンづくりも、デザイナーの思考のように、複雑でやっかいな情報と向き合い、心に響く新たなビジョンを生み出していきます。そしてワークショップ形式で進める方法も多く扱います。客観的な視点と主観的な視点、論理的な思考と感性的な思考、それぞれを大事にしながら共感されやすいビジョンをつくり出すことを目指します。

自分たちでつくったビジョンは、熱く語られ、多くの人の心に火をつけていくでしょう。そして、共創する社会の旗印ともなっていきます。正解が見えない時代だからこそ、こうしたアプローチが武器になるはずです。

自分たちのやり方を見出すきっかけに

ビジョンのつくり方は、一つではありません。

何年もかけて構築する組織もあれば、一瞬でひらめく組織もあるでしょう。

また、ビジョンがつくれなくて困っている組織もあれば、ビジョンの管理に苦労している組織もあるようです。


この本では「ビジョンのつくり方」の一つの型をご提案していきます。探索的に創造し、組織の中から人々の心に火をつけていくような、ビジョンづくりと活用の方法です。

この本を読まれた方が、自分たちのビジョンのつくり方を見出すきっかけとなれば、これ以上うれしいことはありません。

三澤直加

Contents

ステップ

1

自分たちらしさを探索する　39

ステップ

2

未来の社会像をイメージする

ステップ
3
未来の自分たちの役割を見つける

ステップ 4 未来の風景を描き出す

109

ステップ

5

未来の自分たちを語り合う

ステップ

6

試しながらアップデートする

181

終　章

共創する社会に向けて

付　録

ビジョンづくりの計画を立てる

序章

なぜいま、ビジョンが大切なのか？

正解がない時代の灯

「自分たちは、いったいどこへ向かっているのか？」
「自分たちは、何のために活動しているのか？」

このように考えることはありませんか。

新型コロナウイルスによるパンデミックの非常事態を経て、私たちの活動の仕方、生活の仕方は大きく変わってきました。働き方にも大きな変化がありました。オフィスに通わなくなった人、家にいる時間を使って副業を始めた人、新しいことに挑戦し出した人もいるでしょう。

生活スタイルも多様化が進み、どこに住むのか、誰と暮らすのかなどの選択肢が一気に増えたように思います。そして今は、ＡＩの急速な発展に、さまざまな仕事の内容も激変しようとしています。

このように、いままでは当たり前だと思っていたことが、知らないうちに変わってしまっているということが、世の中では次々に起きています。さまざまな考え方、生き方がある中で、画一的なモノサシがなくなってきているのです。

何をしてもよい、どこへ行ってもよい、という状況だからこそ、私たちは生き方を「選択」していくという厄介な命題を抱えることになりました。

そのような状況の中で、「どこへ向かっているのか？」「何のために活動しているのか？」と不安に思うのは、ごく自然なことだと思います。日常生活を送っていく中でさえ、「自分は何のために活動し、何をしようとしているのか」といった、ビジョンが必要になってきているのかもしれません。

一方で、さまざまな人が、自分の価値観を隠さずにオープンにしやすい社会にもなってきています。個人がＳＮＳを使って自分の意見を述べることも、直接会ったことのない仲間と新しい音楽や映画が制作されることも珍しくなくなってきました。

自分の考えや好み、やってみたいことをオープンに発信しているからこそ、似ている価値観をもつ人とつながり、仲間を見つけられるのです。

このように、精神的にも技術的にも、個人の考えを発信することの制約が少なくなり、ビジョンを発信する人やチームが増え、互いのことをより知っていくためにビジョンが活用されはじめています。

変化しながら広がりを見せるビジョンの効果

誰でもビジョンを掲げることができるようになったからこそ、ビジョンの活用シーンは増え、その効果も広がりを見せています。

ビジョンは大企業や自治体などで、企業目標や社会的役割を公言できるものとして、活用されてきました。とくにたくさんの人が所属している大企業の場合、活動の目標が細分化されるケースも多く、「ビジョン」「ミッション」「バリュー」という概念的指標を掲げることで、組織全体で何を目指しているのかを伝えやすくなりました。活動の背景と意義をわかりやすくし、個々が理解することを促進していたからです。そのビジョンの効果はいまでも健在です。「なぜ、この活動をやっているのか?」「何のために、自分たちはここにいるのか?」といった、活動の背景と意義を、多くの人がビジョンを通して理解することができます。

そして、大企業や自治体だけでなく、中小企業やコミュニティなどでも、ビジョンは検討され発信されるようになりました。規模の小さい組織やチームにおいては、「わかりやすさ」とは別の効果があったからです。それは、組織外の人間とのつながりづくりです。自分たちが目指していることや、社会に対して貢献したいと思っていることなどを打ち出すことで、同じことを考えている組織とつながりやすくなります。価値観が多様化している時代だからこそ、業種や業態という情報だけでは、一緒に活動してうまくいくかどうかは判断できません。そこでビジョンを掲げることが、互いの価値観を理解し、共創するきっかけとなっています。

さらに、ビジョンづくりは、経営者やリーダーだけではなく、現場で活動を支える人たちにも広がりました。ビジョンというアウトプットが背景と意義をわかりやすく伝え、人をつなげることができるとするならば、ビジョンをつくる過程においても、活動に参画した人によい効果をもたらすからです。つくる過程では、社会のことや組織のことなど、さまざまなことを調べ、たくさん議論します。その中で、その場にいた人の意識が変わり、組織がよい方向へ変わっていく、という効果がありました。

経営者やリーダーがつくったビジョンを現場で活動する人に伝えても、自分ごととしてとらえてもらえず、他人事で終わってしまうこともあります。しかし、ビジョンをつくる活動に参画することで、自分たちの会社の未来を自分たちでつくっていこうという意識に変えることが可能となります。

「みんなのビジョン」をつくる難しさ

ビジョンはチーム・組織にとって絶大なパワーを発揮しますが、実際にビジョンをつくることは容易ではありません。

未来のことを考えるだけでも難しいのに、社会のこと、事業や活動のこと、組織のことを包括して考えなければなりません。これは、至難の業といえるでしょう。また、一人で考えるならまだしも、複数人で考え複数人で育てていくチームのビジョンとなればなおさらです。

さらに、この数年、働き方が変わってきたこと、ＳＤＧｓへの配慮が必要になってきたことなど、社会環境や人々の価値観が変化してきたことで、ゴールを掲げるだけのビジョンづくりでは、現代社会で対応しきれなくなってきていると感じます。

これまで、筆者は約10年にわたり大小さまざまな企業のビジョンづくりに立ち会ってきました。その中で、残念ながら飾り物のようになり機能していないビジョン、縦割り組織のために乱立してしまった複数のビジョン、中断してしまったビジョンづくりのプロジェクトなど、さまざまなケースを見てきました。

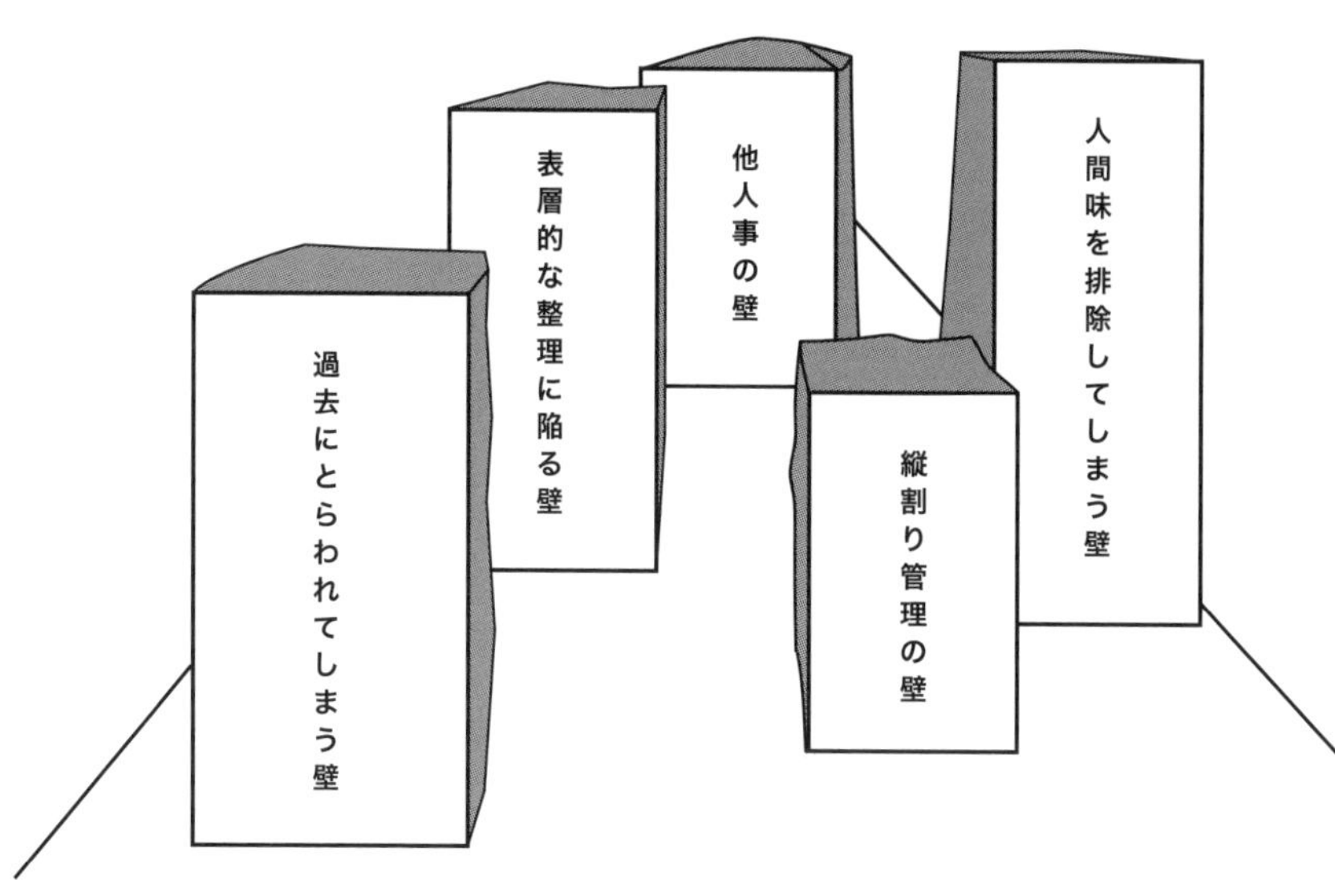

■ 図序-1　ビジョンづくりに立ちはだかる5つの壁

なぜビジョンづくりがうまくいかないのでしょうか。ビジョンづくりの前には次の5つの壁が立ちはだかっています（図序－1）。

- 過去にとらわれてしまう壁
- 表層的な整理に陥る壁
- 縦割り管理の壁
- 人間味を排除してしまう壁
- 他人事の壁

過去にとらわれてしまう壁

「過去にとらわれてしまう壁」は、ビジョンづくりにおいて、成功する確率や過去の実績を基準に考えようとしてしまう心理的な障壁です。

未知のものを考えるためにはいまの世界にないものを妄想していくことが必要不可欠です。その中で、過去の実績やエビデンスを基準として考えることは、まだ見ぬ未来の可能性を狭めてしまうことになりかねません。どんなに妄想が得意な人であっても、誰かに説明するとき「これは正しいのか?」「これは受け入れられそうか?」と不安に思うことがあると思います。

確証を得たいという思いから、過去の判断基準を引用したくなってしまいます。これが「過去の世界」にとらわれてしまうということです。過去に起こったことや、これまでに形成されてきた価値観を一度捨てたうえで、未来を考えなくてはいけません。

この本では、とくに「ステップ2 未来の社会像をイメージする」で、過去にとらわれない未来の考え方を紹介していきます。そして、全ステップを通してつねにそのことを意識する必要があります。「過去の考え方にとらわれてはいないだろうか?」と。

表層的な整理に陥る壁

「表層的な整理に陥る壁」は、自分たちにとって重要なことを探究しながら見つけ出していくことを阻む壁です。ビジョンづくりでは、非常に多様で大量の情報と向き合います。

それらは、どれも複雑で、読み解くことも分析していくことも厄介なものばかりです。そのような状況で、ともすると恣意的に情報を統合したり排除してしまいたくなるでしょう。素早く型に当てはめたり、見なかったことのほうが管理しやすいからです。

しかし、本当に大事なことは、思いもよらないところから発見されます。情報が錯綜し混沌としている状況の中で、探索的に考える覚悟が必要です。自分たちにとって「かけがえのないもの」をとらえていくために、ものごとを表層的に考えず、自分たちにとってどうなのかを深層まで考えなければなりません。

この壁は、ビジョンをつくるすべてのステップに立ちはだかってくるでしょう。そのため、「表層的な整理に陥る壁」の越え方を、それぞれのステップで詳細に紹介していきます。とくに、「ステップ1　自分たちらしさを探索する」や「ステップ2　未来の社会像をイメージする」における情報分析では、意識して取り組んでみてください。

縦割り管理の壁

「縦割り管理の壁」は、つくったビジョンを展開するとき、関係する人たちに広く共有し、境界を越えてともにビジョンを実現しようと活動することを阻む壁です。組織やチームが、部署ごとや地域ごとなど、分断されている状態では、せっかくつくったビジョンも伝わりにくく、理解してもらえない、活動に活かされない、ということが起こりやすくなります。また、ビジョンがあることで、本来であればコラボレーションや越境したプロジェクトが生まれるかもしれないチャンスを逃してしまいます。

この本では、とくに「ステップ5　未来の自分たちを語り合う」で、解決のヒントが見つかるかもしれません。また「ステップ4　未来の風景を描き出す」でも、境界を越えてつながるための、ビジョン共有方法を紹介します。

人間味を排除してしまう壁

「人間味を排除してしまう壁」は、ビジョンをつくる過程で、一人ひとりの主観的な意見や感情を大事にできず、数値的な情報や、専門家などの一部の人の意見だけを頼りにして、考え方を狭めてしまう壁です。

正解のない時代のビジョンづくりでは、一人ひとりの考えやアイデアがビジョンに個性的な視点を与えます。また、それぞれが感じとった違和感を共有することが時代に合わせて調整していく力となります。

しかし、ビジネスの場において、個人的な感情を表に出すことは、タブー視される風潮はあるでしょう。また、組織やチームとしても一人ひとりの考えや気持ちに寄り添い、対話していく技法をもち合わせていない場合もあると思います。そして、人間味が排除された結果、ビジョンに血が通わず、組織に根づかないという結果になってしまいます。

これを防ぐためには、ビジョンづくりに参加する人が、自分の心を開示していける環境づくりがとても大切です。この本では、とくに「ステップ1　自分たちらしさを探索する」で、対話の方法について解説します。

他人事の壁

「他人事の壁」は、ビジョンに関係する一人ひとりが、主体的にかかわっていくことを阻む壁です。せっかくビジョンをつくっても、それを活動に変えてくれる人がいなくては意味がありません。ビジョンが、自分にも影響のあるものだと自分ごととして考えられなければ、他人から押し付けられたものと感じてしまいます。その必要性を認めて活動に活かすことができない状態になってしまいます。

この壁を越えていくには、一人ひとりの心に火を灯していくような活動が必要になってきます。

この壁は、活動する意識にかかわることなので、ビジョンをつくるすべてのステップに関係してきます。意識を変えていくヒントは「ステップ１　自分たちらしさを探索する」や「ステップ５　未来の自分たちを語り合う」の中で見つかるかもしれません。

本書でつくるビジョンの特性

北極星ではない

この本では、社会の状況、技術の進歩が激しい時代で役に立つ「自分たちで打ち立てる、自分たちのためのビジョンづくり」の方法を扱います。何かの型に当てはめて効率的につくる方法ではなく、何もないところからゼロベースで始め、探索的に創造していくビジョンづくりの方法です。既存の概念、枠組み、方法などにとらわれずに柔軟に物事を考えていくため、独創的な発想が得られるはずです。

本書でいう「ビジョン」には、次のような特性があります。

- 正解を示す「点」から、解釈の余地のある「面」へ

- 「確定」されたものから、「進化」していくものへ
- 「競争」を優位にするものから、「共創」を促進するものへ
- 「浸透させる」ものから、「育む」ものへ
- 大企業が打ち出すだけのものから、個人や小さなチームでも考え発信できるものへ
- 「確信」を与えてくれるものから、「覚悟」を促すものへ

ここでは、一つの理想像や目指すべき絶対的な指標という扱いではなく、人によって解釈が異なるという曖昧さを許容するビジョンを扱います。到達するゴールという「点」ではなく、つくりあげたい世界観を「面」としてとらえ、価値観の共有を目指します。もちろん、解釈の自由度が高まれば、ビジョンそのものは確定されたものではなく、つねにアップデートされ進化していく姿になるでしょう。

ビジョンを活用する目的としても、他社に対しての「競争」の優位性を打ち出すためのものではなく、さまざまな組織とコラボレーションし、ともにその世界の生態系をつくりあげていくような「共創」のためのものとなるでしょう。

さらに、ビジョンをつくる人も、組織やチームの規模も変化します。大企業が打ち出していくだけのものではなく、中小企業のビジョン、プロジェクトにおけるビジョン、コミュニティにおけるビジョンなど、さまざまなシーンでも活用できるものを目指します。

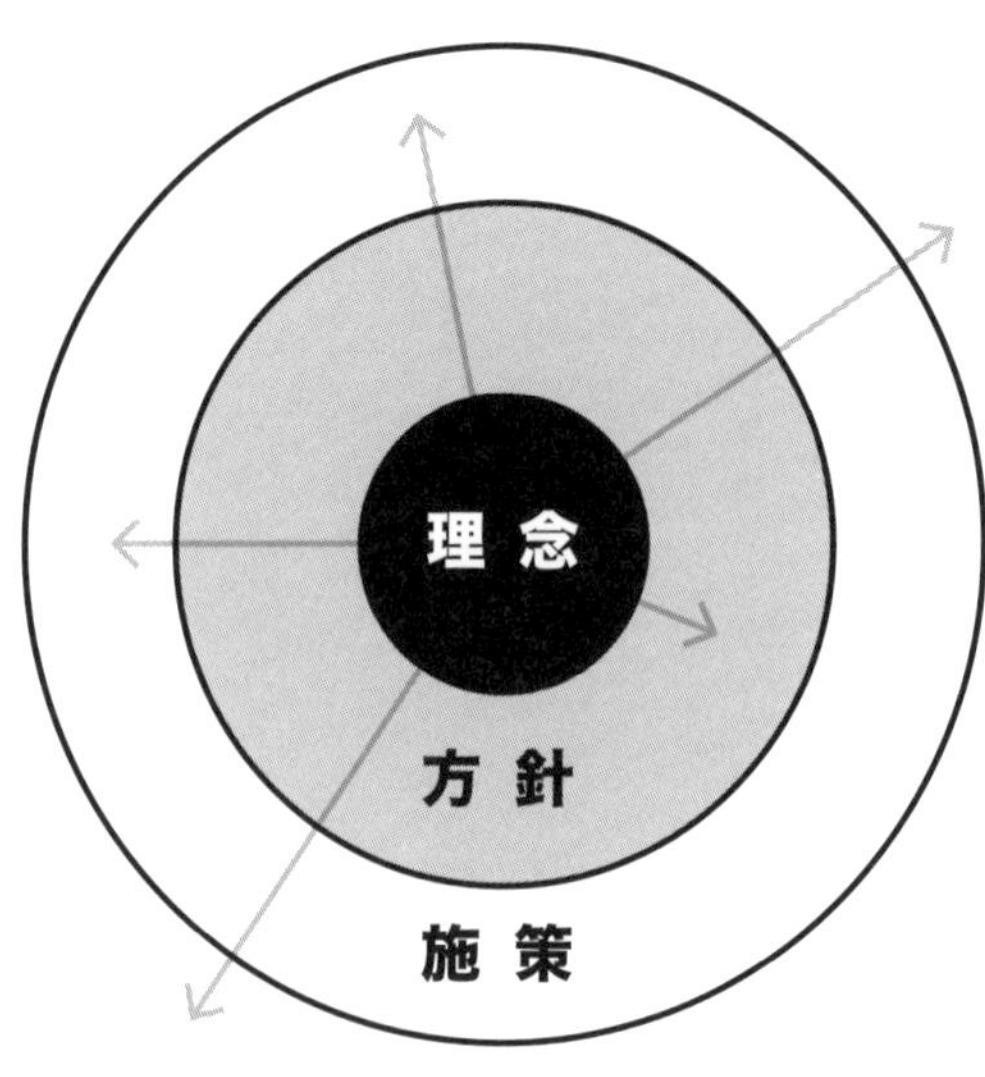

図序-2　ゼロベース創造における理念中心モデル

逆に、大企業がつくる従業員の意識統制のためのビジョンや、社内外の政治活動を優位に進めていくためのビジョンづくりは扱いません。

そして、この本で扱うビジョンの最大のポイントは、人間らしい個人の感情やもやもやとした違和感などの曖昧なことと真剣に向き合いながら、血の通ったビジョンを目指しているところです。ビジョンは、通達されるものではなくつくり出すもの。「確信」を与えてくれるものから、「覚悟」や決意を促すものへと変わっていくでしょう。

そもそもから考える

ビジョンを考えることは、活動の最上流の部分を考えることにもなります。とくに、ゼロベースでビジョンをつくる場合、何を基準にすればよいのかわからず不安にも感じるかもしれません。「問題だから改善しよう」「いわれたからやっていこう」

というふうに、活動するにあたってわかりやすい理由が見えていないからです。

しかし、大事なことはとてもシンプルです。「何のためにやるのか」という理念（Ｗｈｙ）。「何をやるのか」という方針（Ｗｈａｔ）。「どうやるのか」という施策（Ｈｏｗ）。理念を中心にとらえ、その理念を実現するための方針があり、さらにその方針を実現するための施策がある、というように考えます（図序－２）。この優先度を無視してしまうと、理念をとらえきれずに、考え方が分散してしまうということにもなりかねません。

そして、この本でいう「ビジョン」とは、理念と方針の部分を合わせて示します。もっというと、これらの背景にあるものも、本書ではビジョンの重要な要素となるでしょう。

何のために、何をしたいのか、というビジョンに対し、どのような施策を講じるのかを全体像でとらえ、その結果どのような未来の風景をつくり出していくことになるのかを明確にしていきます。

一枚の絵にまとめる「ビジョンマップ」

この本では、ビジョンを多くの人に伝え、自分ごととしてとらえてもらいやすくするために、一枚

■ 図序-3　ビジョンマップのイメージ

の絵でまとめる「ビジョンマップ」を活用します。つくりたい未来の風景を、一枚の風景画のように絵で描き、そこにたくさんの解説文を追加していく方法です（図序－3）。

絵でビジョンを描くという効果は絶大です。絵は、複雑かつたくさんの情報をシンプルに、ぱっと見てわかるように一枚にまとめて伝えられます。

概念的な内容を絵で描こうとする際に、具体的に考えることになるので、曖昧だった思考をクリアにできる効果もあります。ビジョンづくりの5つの壁のうち、「表層的な整理に陥る壁」「人間味を排除してしまう壁」「他人事の壁」によい効果をもたらしてくれます。

たとえば、ビジョンマップという風景画のうえに、新しい活動や新しいプロダクトのアイデアを書き加えながら、未来のことを語り合うということもできます。背景や土台は共有しながらも、新しい活動をアップデートできるのは、ビジョンマップならではです。次の活動を発想しやすいという意味では、変化の激しい時代に適応しやすいビジョンのまとめ方ともいえるでしょう。

また、一枚の絵になっているビジョンマップは、SNSへの発信でも、短時間にたくさんの人の注目を集めることができます。ビジョンを発信し、人とつながりあうためにも最適です。

本書では、絵が苦手だと感じる方にも活用いただけるように、さまざまなタイプのテンプレートも用意しています。「絵を描くならやめよう」とあきらめる必要はありません。ワークシートに情報を載せていくような感覚で、ビジョンをまとめ、研ぎ澄ましていくことができると思います。

ビジョンをつくる6ステップ

本書ではビジョンをつくる方法として次の6つのステップを紹介します（図序－4）。

ステップ **1** **自分たちらしさを探索する**	自分たちに関するさまざまな情報を集め 客観的にとらえなおし、対話を行いながら 存在意義につながるアイデンティティを探す
ステップ **2** **未来の社会像をイメージする**	未来の社会に起こるかもしれないことを 小さな変化の兆しから妄想し 人間の生活シーンのイメージを拡張する
ステップ **3** **未来の自分たちの役割を見つける**	未来の社会像と自分たちらしさを掛け合わせる ことで、さまざまな視点から 自分たちの社会的役割を見つけ出す
ステップ **4** **未来の風景を描き出す**	これまで検討してきた素材の関係性や意味を 読み解きながら統合し 多くの人に伝わりやすい一枚の絵をつくる
ステップ **5** **未来の自分たちを語り合う**	未来の風景について語り合い 一人ひとりが自分の意思で未来に向かって 歩き出せる機会をつくる
ステップ **6** **試しながらアップデートする**	実現に向けて戦略的に計画し実行 さらに現場で得られた知見をもとに ビジョンをアップデートする

■ 図序-4　ビジョンをつくる6ステップ

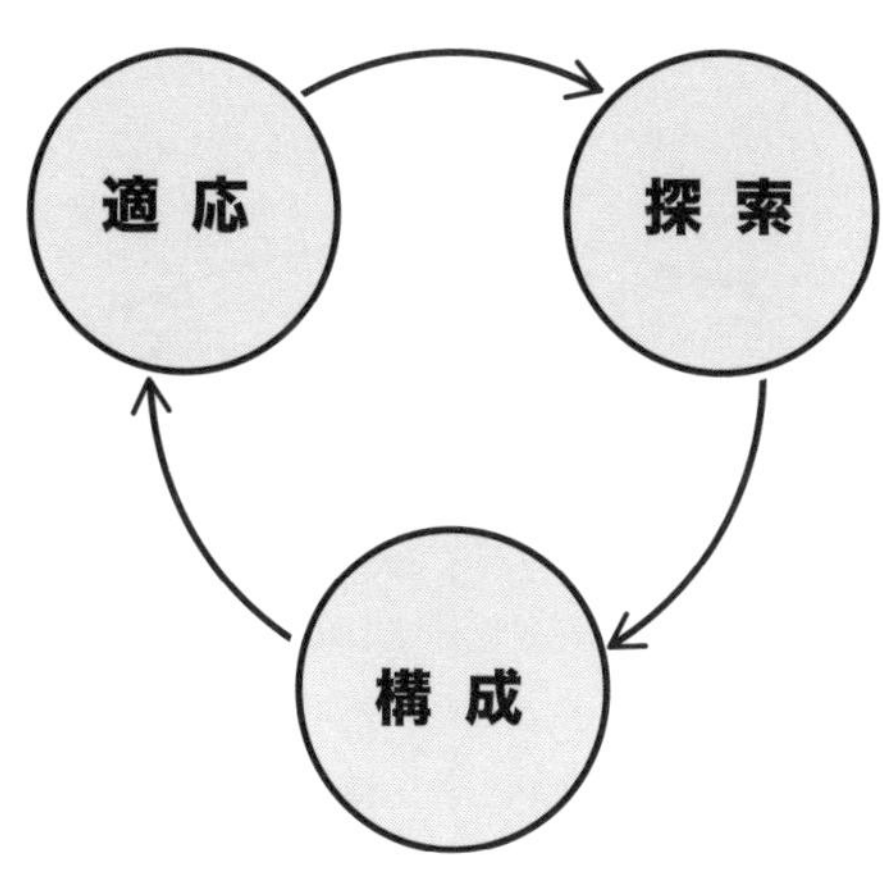

図序-5　ビジョンをつくる3つのアプローチ

- ステップ1　自分たちらしさを探索する
- ステップ2　未来の社会像をイメージする
- ステップ3　未来の自分たちの役割を見つける
- ステップ4　未来の風景を描き出す
- ステップ5　未来の自分たちを語り合う
- ステップ6　試しながらアップデートする

この6つのステップにそって考えていけば、チームや組織のビジョンをつくり、活用していけます。そしてこれらのステップは、その目的から「探索」「構成」「適応」という3つに分けることができます（図序－5）。

ステップ1とステップ2は、探索的なアプローチです。正解がわからない中で、さまざまな情報を表出させ、自分たちにとって大事なものを探します。

ステップ3とステップ4は構成的アプローチ。

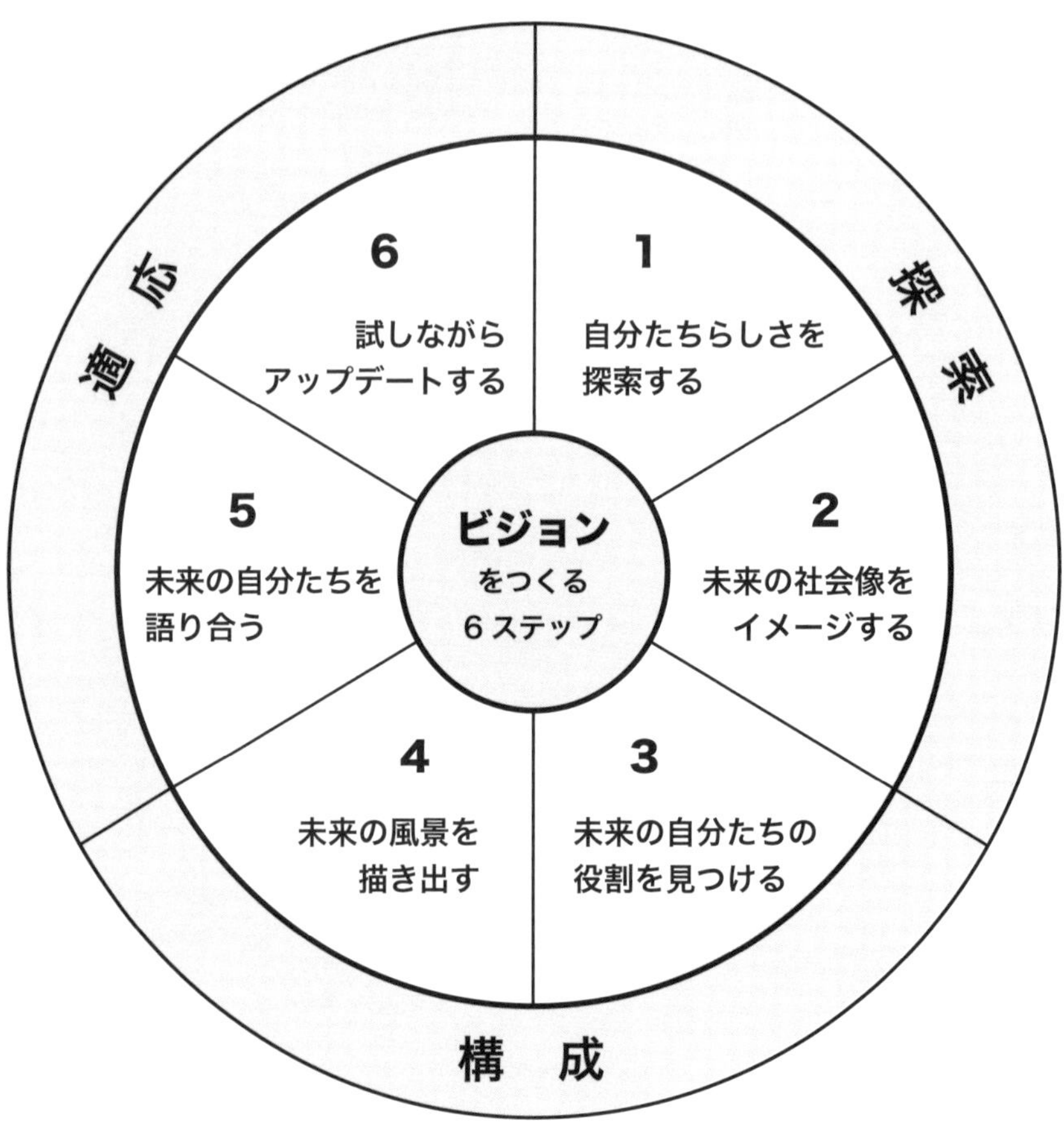

■ 図序-6　ビジョンをつくる6ステップホイール

要素を連結させながら表現したい内容を構成します。

ステップ5とステップ6は適応的アプローチ。さまざまな場での反応を吸収しさらに更新しながら、現場への適応を目指します。

これら6ステップと3つのアプローチを合わせて示すと、ビジョンをつくる6ステップホイールとなります（図序－6）。

また、これらのステップはすべての内容を必ずやらなければいけない、というものではありません。実施するときの状況や目的によって効果的な実施方法が変わってきますので、進め方や時間のかけ方は柔軟に考えてください。

たとえば短期集中でやりたい場合には、2日間の合宿形式でステップ1からステップ5までを一気にやってもよいと思います。

- 1日目：ステップ1、ステップ2、ステップ3
- 2日目：ステップ4、ステップ5

ただし、効果的に進められるファシリテーターや、考えたことをその場で絵にして整理できるデザイナーやグラフィックレコーダーが必要になります。

逆に、じっくりと時間をかけて組織に広めていきたいという場合には、1年間のプロジェクトを発足し、少しずつ行うのもよいと思います。その場合は、ステップ1～4までのビジョンづくりをそれぞれ1か月を目標にして計4か月で実施し、残りの8か月でステップ5と6、すなわち語り合いながら組織へ広めていくことを目的に活動するという計画ができます。

この場合にはプロジェクトチームをつくり、参加者で力を合わせて進めていく必要があります。詳しくは、巻末の付録に示す「ビジョンづくりジャーニー」や「ビジョンづくり集中合宿スケジュール案」をご参照ください。

それでは、ビジョンづくりの6ステップを順に解説していきましょう。

ステップ

1

自分たちらしさを探索する

「自分たちらしさ」とは何か？

自分たちで認めたアイデンティティ

ビジョンをつくる最初の一歩は、「自分たちらしさ」を見出すことです。本書で扱う自分たちらしさとは、自分たちの誇りとなるようなオリジナリティのことを指します。

事業内容や売れ筋商品といった目に見えてわかりやすいものではなく、取り組み方や考え方などの「哲学」、それまでの経験や選択の「歴史」、自分たちが獲得し育んできた「資産」などを読み解いて見出していく、自分たちのアイデンティティともいえるでしょう。

アイデンティティを見つけるというと難しく感じるかもしれませんが、実はどのような組織やチームにも、自分たちらしさは存在しています。

自分たちは「特別なことなんてしていない」と思っていても、外から見たら珍しい活動をしている場合もあります。「創業したばかりで歴史がない」と思っていても、そのフレッシュさが強みになることもあります。

「とくに哲学なんてない」と思っていても、長期的な視点で見直すと一貫した思想が見えてくることもあります。

一人ひとりの活動や思想にも目を向けながら、広い社会を見据えて考えていけば、どの組織やチームにも、自分たちらしさは必ず見つけられます。

客観的に自分たちをとらえる

まずは、自分たち自身に対する思い込みを捨て、第三者の視点で自分たちのことをとらえる姿勢が大事です。さまざまな情報を集めたり対話したりすることで、自分たちらしさの発見を促進します。

他の組織やチームと比べて「これだけは負けない」と思えるものが見つかるとわかりやすいのですが、そこまで明確なものでなくても構いません。

「これは自分たちならではだ」と、自信をもてるもので大丈夫です。他と比較する前に、自分たちの中にあるものをしっかりと見つめていくことから始めましょう。

なぜ自分たちらしさが必要なのか？

役に立たないビジョンとなってしまう理由

ビジョンをつくる最初のステップで、なぜ自分たちらしさを見出す必要があるのでしょうか。もちろん、自分たちらしさをしっかりととらえることができれば、自分たちらしいビジョンが見つかり、自分たちらしい戦略を立てていくことができます。

しかし、「自分たちらしさ」を見つけることは、それ以上に大事な理由があります。ビジョンには、つくった後に役に立つものと立たないものがあります。この本を読んでいるみなさんにも、次のようなビジョンに身に覚えがあるのではないでしょうか。

「美しい言葉で書かれているけど、別にこの会社じゃなくてもみんなそうなんじゃないの？」

「抽象的すぎて何をいっているのかよくわからない」

こうしたビジョンができてしまう背景には、自分たちならではの哲学・歴史・資産といった「自分たちらしさ」とビジョンとの間に溝があるからです。

企業の「らしさ」を見出した話

ある企業で、新しい組織を立ち上げるプロジェクトにかかわったときのことです。その企業では、地域の中でさまざまな企業との連携を強化しながら、社会的に新しい取り組みを始めるオープンイノベーションを促進する組織をつくろうとしていました。

ところが、そのプロジェクトメンバーの中には、「自分たちに本当にそんなことができるのだろうか？」という不安な気持ちがありました。活動を計画していけばいくほど、外国の有名な方法論やメソッドが多用され、そこで働く人々の血の通わないものになっていきました。

そこで、「自分たちはなぜこの活動を行うのか？」「自分たちがこの組織を立ち上げる意義はなんだろうか？」と問い直すことにしたのです。これまで考えてきた活動を一旦棚に上げ、「自分たちの会社らしさ」や「自分たちの部署らしさ」を確認しました。

最初にやったことは、自分たちの活動を棚卸しすることでした。自分たちが工夫しているところ、うまくいかなくて苦労しているところ、先輩から受け継がれたこと、最近なくなってしまい不安を感じていることなど、さまざまなエピソードを集めました。

そうしているうちに「そういえば、こういう活動にすごく気をつけてやっている」「自分たちはこん

図1-1　自分らしさを考える

なことを大事にしていたのか」といった自分たちの組織が得意としていること、苦手としていることが見えてきました（図1－1）。

その企業は、とても重い社会的責任をもってその地域に根をはっていました。「どんなことが起こっても、柔軟に対応しつつ、長く継続させていくこと」が得意な組織だったのです。

それまでは、自分たちは「何としてでもイノベーションを起こしていかなければならない」と考えていたのですが、自分たちが大事にしていた価値観とともに、自分たちらしさが見えてきたことで、「イノベーションが起きたときに、それを広くさまざまな分野に浸透させていくこと」こそ、自分たちの使命なのではないか、と気づきます。

この考え方なら、「自分たちはとても得意！」「これならできるかもしれない」と自信をもつことができたのです。

自分たちらしさとは何かを探求する過程で、それまでにあったさまざまな出来事や人々の思いなどに触れ、自分たち自身を深く知っていくことは、組織の文化づくりにとってとても効果的です。組織にいる人々の互いの共通項を見つけながら、それぞれの個性を受け止め合えるような文化がつくりやすくなるからです。

また、ビジョンをつくるタイミングでは、新しい体制づくりや事業づくりなど、組織の大きな転換点を迎えていることが多いでしょう。

だからこそ、組織が自分たちのことに自信と誇りがもてる状態になることは、大きな意味をもっています。

自分たちらしさを見出す方法

自分たちらしさを見出すために、「自分たち」についての情報を集めたり、一人ひとりの想いを吐き出してみたりと、客観と主観の両方から自分たちについて考えます。具体的には次の5つの手順となります。

ステップ1－1　「自分たち」の範囲を明確にする
ステップ1－2　自分たちについての情報を集める・思い出す
ステップ1－3　自分たちが大事にしていること・培ってきたことを明らかにする
ステップ1－4　一人ひとりの想いややってみたいことを素直に吐き出す
ステップ1－5　自分たちらしさをまとめる

ステップ1-1

「自分たち」の範囲を明確にする

誰にとってのビジョンをつくるか

自分たちらしさの「自分たち」と呼ぶ範囲を明確にします。つまり、誰にとってのビジョンをつくるかです。

たとえば5人のチームでこれからのビジョンをつくろうとしているとき、この5人が「自分たち」

ステップ 1

自分たちらしさを探索する

都市型農場プロジェクト

〇〇不動産
都市開発者
地域住人
都市計画研究者
〇〇区臨海地域連合
地域の子どもたち
農業に関する
文化研究者
土地オーナー
農業生産者
農機メーカー
畑をもちたい
オフィスワーカー
農業小売業・卸
都市計画研究者
アーティスト
農業研究者

タコスパーティを楽しむ会

〇〇マンションの
タコス大好き仲間
マンション管理人
友人・知人
〇〇キッチン
スクールの受講生
近所の
メキシコ料理店

■ 図1-2　未来の関係者リストの記入例

だと考えることはできますが、もしかしたら来年には10人くらいの規模になっているかもしれません。いまは見えていないその人たちも「自分たち」として含めていくべきでしょうか？　さらに、協力してくれている外部の仲間、取引先、顧客などを含めて「自分たち」としたほうがよいのでしょうか？　構想している内容や、組織の性質などにも配慮して考えます。

この後、ビジョンを具体化していくステップの中で、「自分たち」の範囲や姿が変わっていくこともあるでしょう。「自分たち」のことをより一層解像度を高めてとらえられるようになるはずです。解像度を高めていくためには、仮説としての初期設定が必要なのです。

自分たちがこれからつくっていきたい未来の姿に、主体的にかかわっていく人たちを思い描き、その範囲を明確にします。

「未来の関係者リスト」で「自分たち」の範囲を明らかにする

「未来の関係者リスト」とは、将来的にかかわってきそうな関係者のリストです（図1―2）。まだ見えていない関係者も思い描きながら、「自分たち」の範囲を明確にしていきます。

①自分たちが構想するモノ（事業・プロダクト・サービス・プロジェクトなど）を書き出す
例：◯◯サービス、◯◯プロジェクト、◯◯の価値を広げる活動など

②自分たちが構想する活動にかかわる組織、チーム、人などを書き出す
例：グループ会社、事業会社、本部、部、課、チームなど

③この活動に将来的にかかわってきそうな組織、チーム、人を書き出す
ここでは、可能性をあぶり出すことが目的なので、実現可能性は度外視します。
例：外部パートナー、取引先、顧客コミュニティなど

④このビジョンを主体的につくっていく人、チームなどを丸く囲む（図1―3）

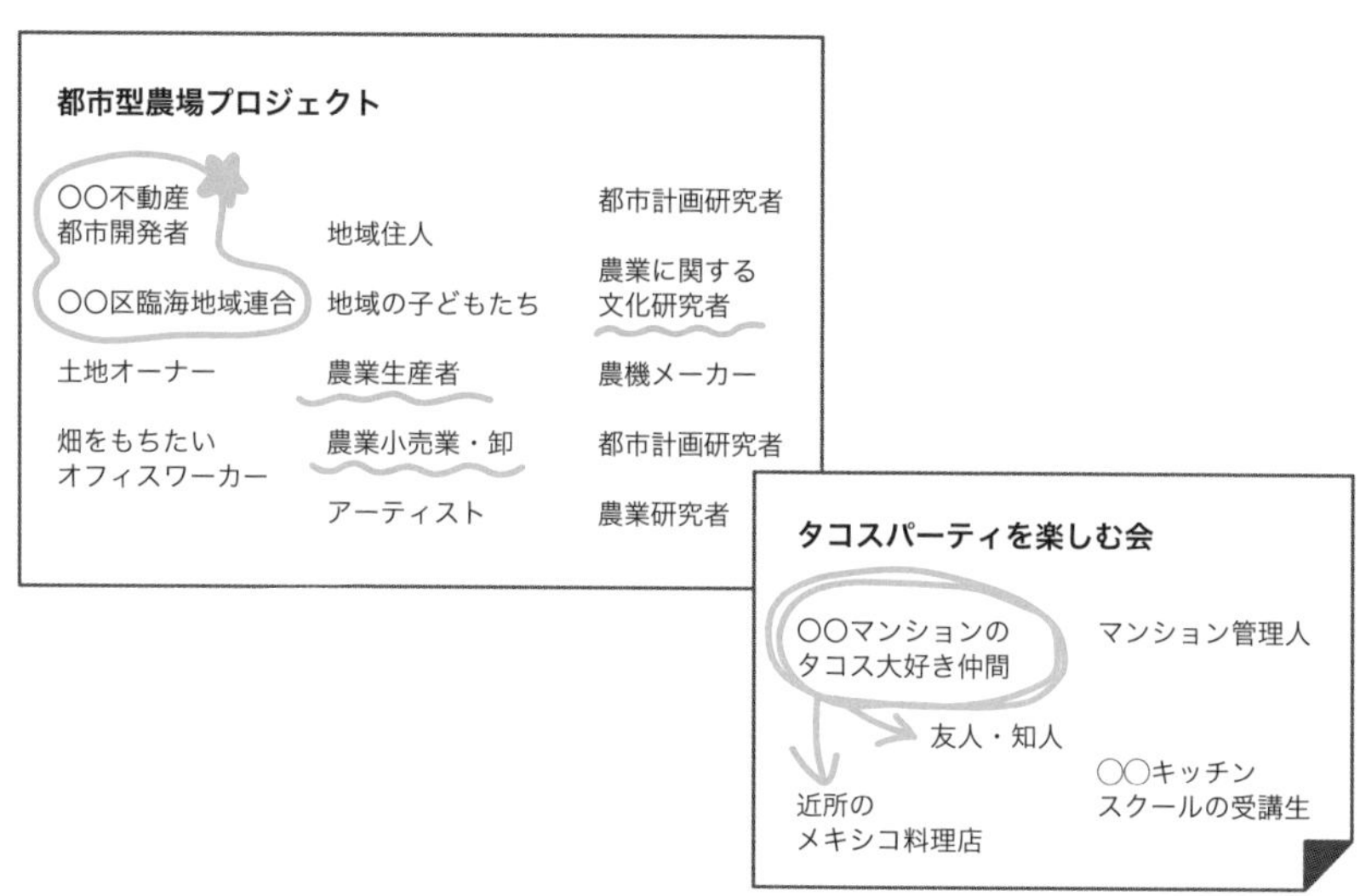

図1-3 「自分たち」の範囲を書き出した未来の関係者リストの記入例

例：●●●さん、○○チーム、○○部など

⑤このビジョンを共有しながら進めていきたい人に線を引く

ここでは②や③で書き出した組織やチーム、人の中からビジョンづくりチームに参加して欲しい人を選定します。次のような質問をしながら考えていくとよいでしょう。

- 誰と一緒につくりたいか？（一緒につくるときに、相性のよい相手を思い浮かべやすくする質問）
- 誰とこのビジョンを共有したいか？（ビジョンに対して率直に意見をもらえそうな人や、ビジョンを共有することで活動の質が向上しそうな相手を思い浮かべやすくする質問）
- これからの活動で独自性を生み出していける関係性はどこにあるか？（ビジョンの方向性を左右しそうな共創相手を選定するための質問）

⑥このビジョンをとらえるときの「自分たち」の範囲をあらためて確認する

例：主導する人は●●●さん、○○チームなど

例：共創する人は○○部など

こうした書き出しを通して、自分たちの範囲が見えてきたら、ここで文章化しておくことをおすすめします。たとえば次のようなひな形があります。

私たちがつくるビジョンは、【ビジョンの中心となるモノ】の未来の姿です。そしてこのビジョンは、私たち【(自分たち・主導範囲)】が今後、【どのように】活動を展開していくためのものです。活動を広げていくために、【自分たち・共創範囲】とビジョンを共有し、改訂していきます。

ひな形にそって、2つの文例をお示しします。

私たちがつくるビジョンは、都市型農場プロジェクトがもたらす東京都の未来の姿です。このビジョンは、○○不動産と○○区臨海地域連合が、今後地域住人とともに、豊かな生活を展開していくためのものです。活動を広げていくために、○○不動産と○○区臨海地域連合だけでなく、農業生産者、仲介業者、農業に関する研究者などとビジョンを共有し、改訂してまいります。

私たちがつくるビジョンは、タコスパーティの未来の姿です。このビジョンは、私たち、〇〇マンションのタコス大好き仲間が、最高に盛り上がるタコスパーティを計画していくためのものです。そのためには、この仲間たちに加えて、その友人たちや、近所のメキシコ料理店とビジョンを共有し、継続的にタコスパーティの可能性を追求していきます。

ステップ1-2 自分たちについての情報を集める・思い出す

次に、自分たちのことを表すエピソードや言葉を集めていきます。自分たちの中にある経験や記憶を呼び覚ましていく作業です。ここで集めたい情報とは「哲学」「歴史」「資産」の3つです。

「哲学」とは

「哲学」とは、組織が大事にしてきた考え方をここでは指します。組織の中でこれまで大事にしてきた目標や考える基準になってきたこと、これだけは避けたいと考えていることなど、組織の中に存在している「言葉」に注目します。対外的に「こんな風に見せたい」という言葉ではなく、「こういう組織でありたい」という信念のようなものを見つけていきましょう。過去の資料を見直してもよいですし、これを機に組織のトップが考えていること、大事にしていることをインタビューしてみてもよいでしょう。

あるいは、活動を試行錯誤する中で見出した知恵や決断してきたことなどから、哲学が見えてくることもあります。

「歴史」とは

「歴史」とは、組織のはじまりやターニングポイントについての情報です。年表や沿革などから洗い出していくことで、自分たちの中にある経験や思いが見えてきます。

創設時のエピソードや、軌道にのるまでの試行錯誤なども見逃せない情報です。とくに、歴史のある会社などでは、創設時の象徴的な物語や、心のよりどころとなったパワフルワードが存在していることも少なくありません。

また、地域に根づいている組織であれば、その土地の歴史的な背景もビジョンづくりには役立ちます。「その土地がどのように開拓され、発展してきたのか？」「産業が展開されたきっかけは何か？」といったことを調べてみましょう。

「資産」とは

「資産」とは、その組織にある価値あるもののことを指します。有形無形にかかわらず、特異性の高いものを書き出していきます。

具体的なプロダクトやサービスそのものもそうですが、そのプロダクトやサービスをつくるために自分たちがもっている特別な技術やノウハウ、思考法なども資産です。特別な機械や道具、環境や施設なども該当します。人脈やネットワークなども資産といえるでしょう。

何が何個ある、ということを書き出すのではなく、「どんな種類のものがあったかな?」「他の組織にはなさそうなもので何かあったかな?」という程度のふりかえり方で大丈夫です。

一方で、自分たちが保有していなくても、近くにあるもの、活用しやすい状態にあるものでも自分たちらしさを見出すための情報としてとらえることができます。少し視野を広げて書き出してみましょう。

「キーワードハーベスト」で情報を集める

自分たちに関するたくさんの情報を記録して言葉を紡ぐ方法「キーワードハーベスト」を紹介します。

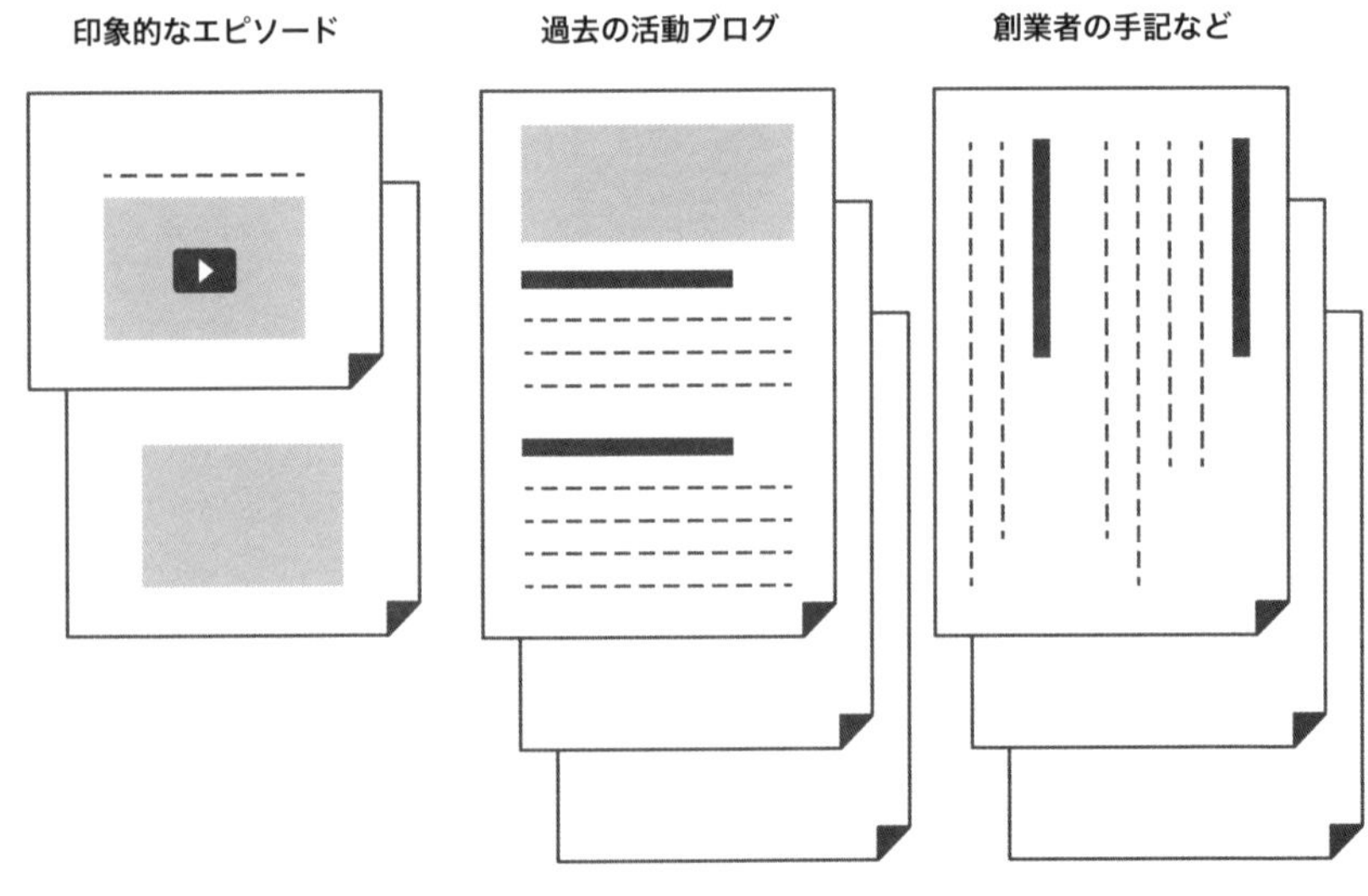

図1-4　キーワードハーベストの素材を集める

①過去の活動記録、思想が見える文献などを集める（図1－4）
②活動や思想の内容に対して、その特徴をキーワードで書き出す（図1－5）
③チームでキーワードをもち寄り集める

用意するのは、これまでの活動が記されたブログや広報誌、創業者や功労者が書いた歴史的な出来事などで、一つでも複数でも構いません。「自分たち」のことや経験、思考が、生々しく書かれたものほど好ましいです。これらの情報を目の前に置いて、「自分たちらしさをつくってきた要素」を付箋紙に書き出していきます。一人あたり5～10キーワードを目標に、チーム全体で30以上のキーワードが集まるような状態を目指しましょう。

複数人で取り組めるのならば、自伝チーム、広

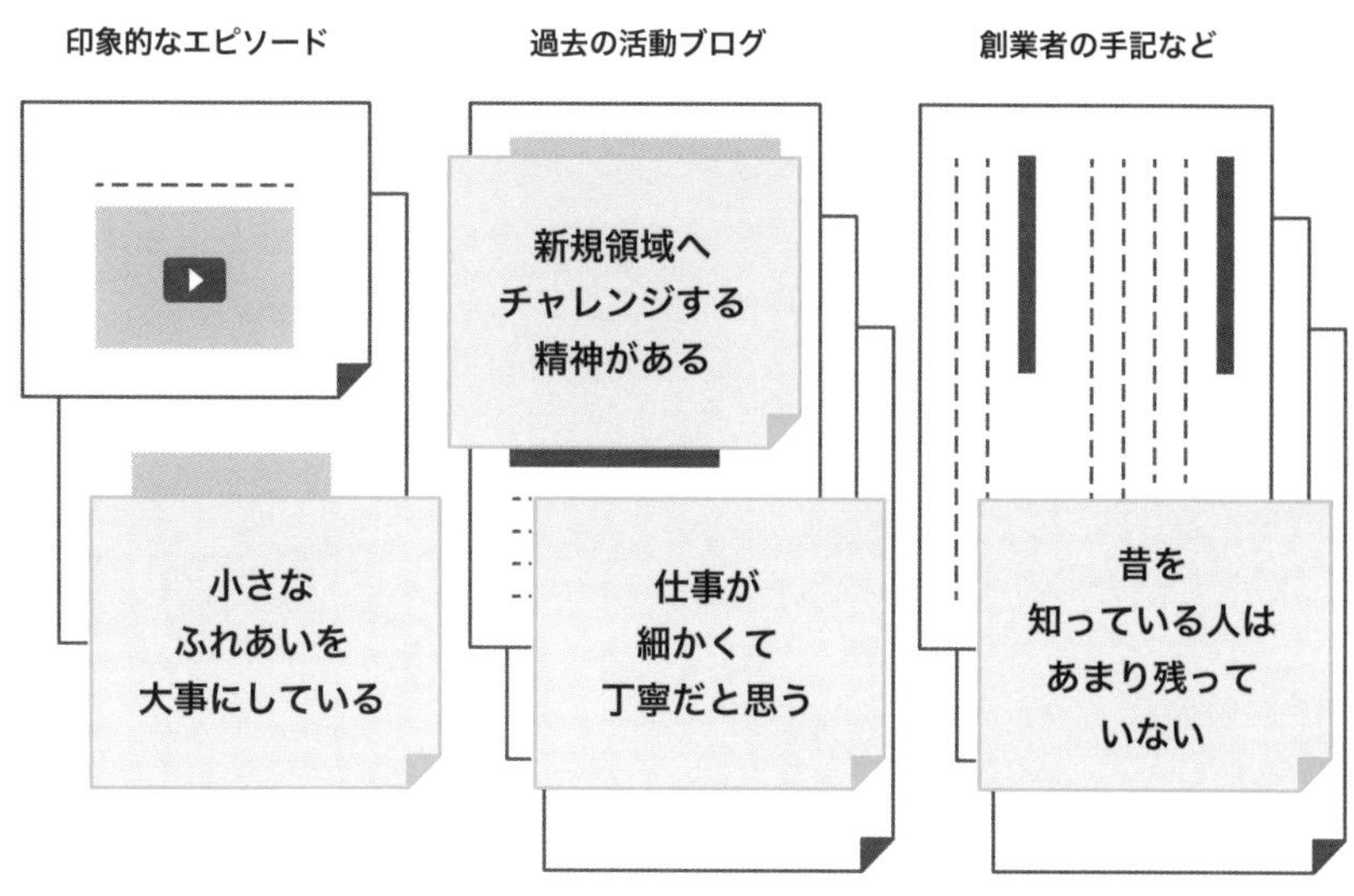

図1-5　活動や思想の特徴を表出化させるキーワードハーベスト

報誌チーム、沿革チームなど、分担して読み解くことを宿題にして、それぞれが集めてきた情報をもち寄っても構いません。

立場の異なるさまざまな人が同時に行ったほうが、異なる視点から情報を探索しやすくなります。キーワードハーベストのポイントは、多様な人がそれぞれに付箋紙で「キーワード」を書き出すことです。

あとから、付箋紙だけを集めて分類したり、傾向を見たりすることなども行いやすくなります。たくさんの情報から大事なことを「キーワード」に要約する（解釈する）作業を通じて、あらためて「自分たちらしさ」を客観的に観察することができます。

自分たちの情報を集めようと考えるとき、目に見える範囲だけを探してしまったり、集めてきた情報を表層的な意味だけでとらえてしまうことがありますが、みんなで行うことで、チーム全体として広い視野で探索できるようになります。限られた数のキーワード集めの中で、できるだけ異なる発見を記入できるように意識してみましょう。

一方で、網羅的に情報を集めようとすると、「面白い」「独自性がある」と思えるような活動が埋もれてしまう可能性があります。

注目するものに偏りがあっても構いませんので、個人的に心が動いたかどうかを主観的に判断しましょう。そうすることで、自分たちらしさという個性に着目できるようになります。

ステップ1-3 自分たちが大事にしていること・培ってきたことを明らかにする

ステップ1－2で集めた情報や付箋紙をもち寄り、チームで共有しながら、自分たちが大事にしていることや培ってきたことを見つけていきます。

ここでは、会議のような話し合いではなく、みんなで手を動かすワークショップのような場づくりが効果的です。ホワイトボードや広い机などを用意して2時間ぐらいで、さまざまな意見を書き出しながらにぎやかに進めていきましょう。

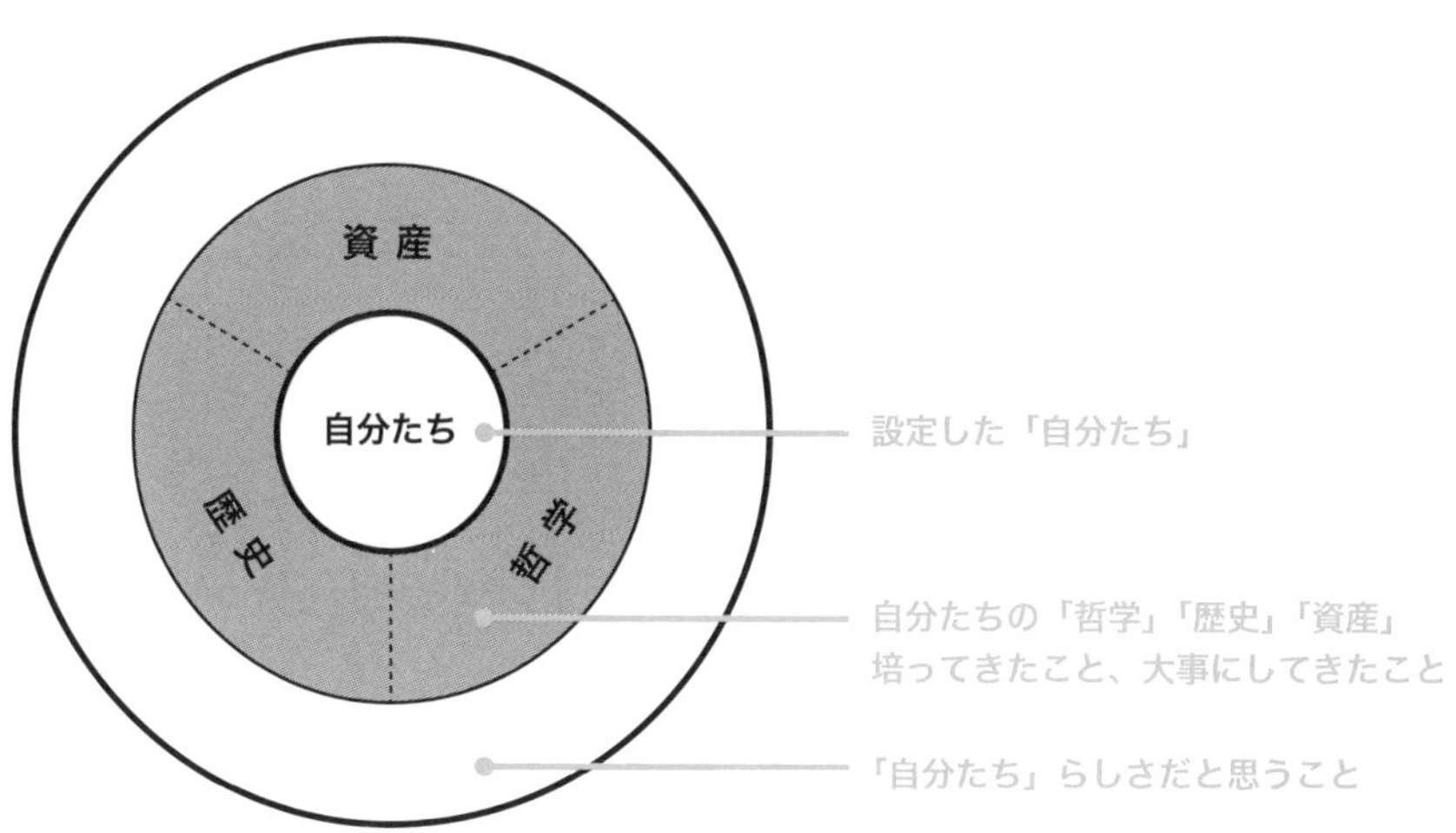

■ 図1-6　自分たちらしさドーナツ

「自分たちらしさドーナツ」で大事にしていることを明らかにする

「自分たちらしさドーナツ」とは自分たちが大事にしていること・培ってきたことを可視化する方法です（図1－6）。次のような手順で行います。

①中央の枠に、定義した「自分たち」を記入する

②中央から2番目の枠に、集めてきた情報（過去の活動や思想のキーワードの付箋）を「哲学」「歴史」「資産」にそって置く

③集めてきた情報を共有しながら、一番外側の枠に「自分たちらしさ」だと思われる要素を書き出す

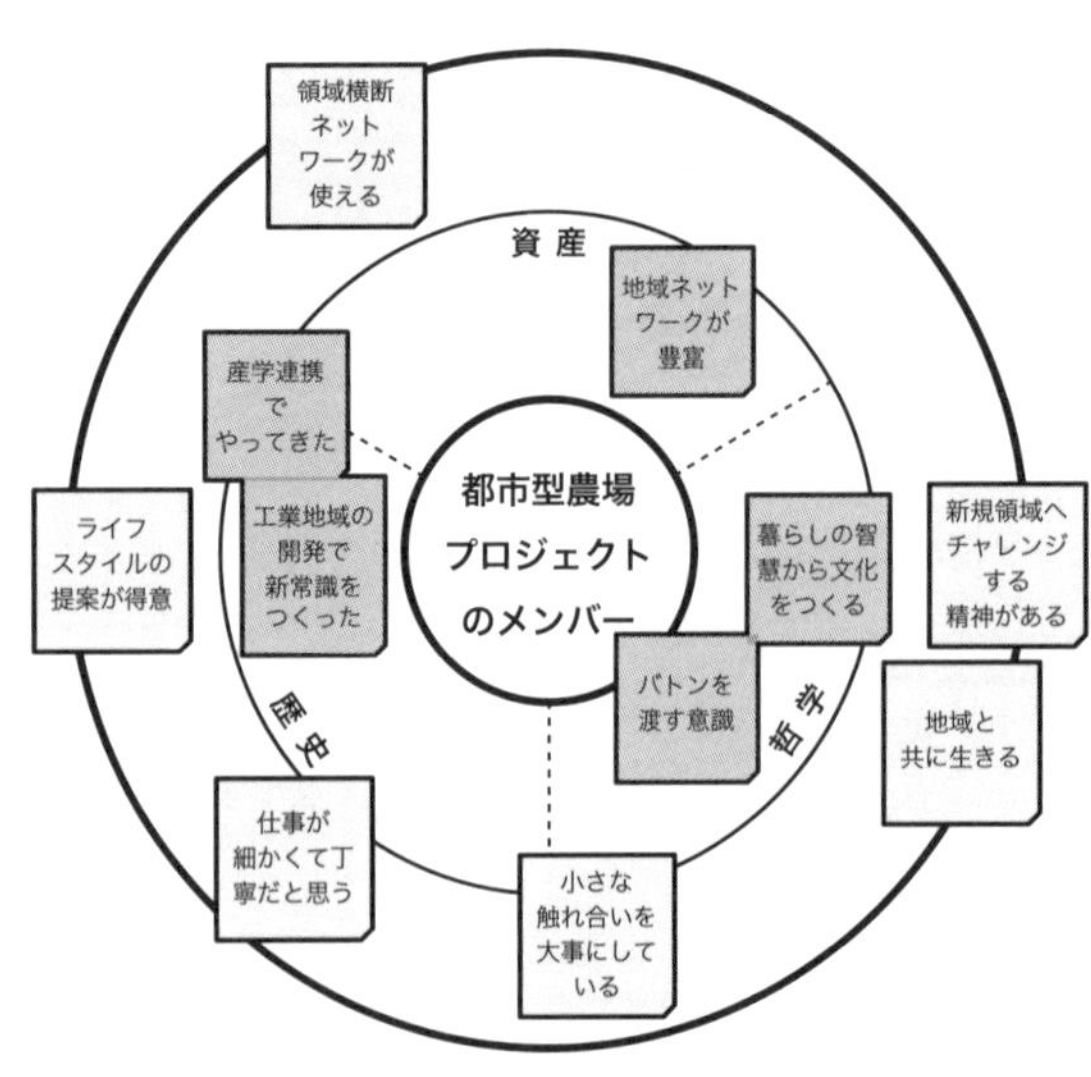

■ 図1-7　自分たちらしさドーナツの記入例

④全体を見渡しながら自分たちが掲げるべき「自分たちらしさ」は何かを議論し、共通点や、多くの活動に影響を与えるものを3〜5つ程度、印をつける

「自分たちらしさ」は何かを議論する際、次のような問いをヒントに議論を深めていきます。

- この組織やチームは何を大事にしてきたか？
（哲学や価値観を探るための質問）
- 自分たちがつくりあげてきたこと、培ってきたものは何か？（成果物のみならず、成果物の価値、社会的意義について考える質問）
- 外から見て、興味をもってもらえそうなものは何か？（第三者視点でとらえ、社会的価値を探るための質問）
- 自分たちの文化の根幹にあるものは何か？
（活動や思想を深層的な部分でつなぎ、共通項を探ると

ともに、価値観と哲学について考えるための質問）

問いを立て、発見したことを一人ひとりが話していくことで、次第に自分たちらしさの片鱗が見え始めます。さまざまな情報の中に隠れている本質を見つけ出すイメージです。

すべてのものに共通するものを探すのではなく、2～3個の事象に対する共通点を見つけながら、次第に全体像を見据えて考えていくように進めてみましょう。

まったく関係のなさそうなところにも意外と共通点が存在しています。できるかぎり、先入観をもたないことが大切です。

原理を解明しようとしたり、関係性の理由について語り出したりせずに、フレッシュな視点を見つけ出すことに注力してください（図1－7）。

ステップ1-4

一人ひとりの想いややってみたいことを素直に吐き出す

自分と向き合っていく

自分たちらしさが見えてきたところで、ちょっと休憩をはさんで次のステップへ進みます。休憩をはさむ理由は、このタイミングで気持ちを切り替える必要があるからです。

ここまでの流れでは、先人の活動や思想、組織の上層部の意向などをふまえた理想的な状態を考えたり、「俯瞰した視点」でものごとを眺めていました。もしかしたら、自分のことは脇において情報と向き合っていたかもしれません。

ステップ1-4でやることは、一人ひとりの気持ちの吐き出しです。これまで見出してきた「自分たちらしさ」について、一人ひとりがどのように感じているのかという本音（高揚感や違和感）を吐き出していきます。

このステップを通して、現代社会の価値観や、この組織の中で起こっている背景に自らの考えをマッチさせていくことができるでしょう。

認識のズレに注目

とある大学で、これからの新しい組織づくりについて話し合っていたときのことです。自分たちらしさの中に「さまざまな学部で横断的に新しい領域の研究がしやすい」という特徴が出てきました。

しかし、集まった先生方や職員と話してみたところ、少しニュアンスが異なっていることがわかりました。横断的な活動はとてもやりやすく、学部をまたいだ活動もたくさんされているようなのですが、基本的には先生たちの自由意思に任されていて、学校全体にまで波及するようなオープンな文化は醸成されていないというのです。

「まだまだこれからだ」「実はちょっとしたしがらみもある」「本当はもっとオープンに活動できたらいいと思う」といった本音が聞こえてきました。

このように、全体としては「よい特徴だ」と思われている活動でも、現場からみたら「一部の人ができているに過ぎない」と思うものもあったりします。この認識のズレこそが、このステップで調整していくべきものです。

全体的な特徴だからそれで問題ないと片付けてしまわないで、一人ひとりが納得できる状態に、「自分たちらしさ」の認識をチューニングしていくことが大事なのです。

■ 図1-8　本音を吐き出すダイアログ

また、この事例では「ちょっと話したしがらみを感じている」と話した方がいたことが、後々「しがらみを越えていくための施策が必要である」という目標設定につながっていきました。話しにくいことを語り合い、現状をとらえていくことは、具体的な目標設定のためにも有効です。

しかし、本音を吐き出すことは、勇気のいることだと思います。組織が大きかったり、上下関係や利害関係によるしがらみがあったりすると、素直に話すことすら難しいでしょう。「気軽に話し合いの場をもつ」と考えるのではなく、「心理的安全性が保証された場で丁寧に対話できる場をつくる」と考え、慎重に計画していく必要があるでしょう（図1－8）。

それでは、「心理的安全性が保証された場で丁寧に対話できる場をつくる」ためのポイントを説明します。

一人ひとりの想いややってみたいことを素直に吐き出すポイント

①日常の延長ではなく特別な時間として位置づけ、この場のルール（グラウンドルール）を設定する
代表的なルールは以下の3つです。
・上下関係や利害関係は忘れ、一個人として参加し、フラットな立場で参加すること
・人の話を丁寧に聞くことを重視し、人が話している最中は口を挟まずに順番に話せるようにすること
・ここで話したことはこの場限りのこととし、職場にもちこまないこと
・まとまっていなくても、うまく話せなくてもよい。言葉にならない些細なこと、小さな違和感ほど大切に扱うこと

②組織外の人に第三者の立会人として入ってもらう
可能であれば、外部のファシリテーターに入ってもらい、一緒に計画ができると理想的です。

③ファシリテーターの役割を明確にし、場の進め方や問いかけを計画する

次第に本質に迫れるような問いを設定したり、時間の使い方を検討します。雑談にならず効果的な話し合いとするためには、あらかじめ検討した問いを丁寧に投げかける必要があります。

「自分たちらしさ」にある違和感をあぶり出すために有効な問いは次のようになります。

・この「自分たちらしさ」についてどう思いますか？
・自分たちの活動と照らし合わせて、この考え方について違和感のある部分はありますか？
・誇りを感じる部分は何ですか？
・なくしたくない部分は何ですか？
・不足していると感じる部分は何ですか？

一人ひとりの思いややってみたいことを吐き出していくために有効な問いは次のようになります。

・この組織やチームで、みなさんがやってみたいと思っていることは何ですか？
・何のしがらみもないとしたら、やってみたいことはありますか？

④話された内容は、可能な限りその場で見えるように記録し、フィードバックする

誰の発言かは記述せず、発言の内容や種類を記録します。グラフィックレコーディングなど、誰が見てもわかりやすいような絵や図も有効です。対話の途中で、記録した内容を読み上げ、内容の確認をするとともに、話してきた全貌をとらえやすくすることで、気づきをもたらしやすくしましょう。

⑤話しやすい環境をつくる

参加者それぞれが互いの顔が見える車座は、フラットで話しやすい雰囲気をつくりやすくなります。また、広く開放的な空間にいると、人は話しやすくなります。逆に狭い空間や閉鎖的な空間は避けましょう。

⑥話しやすいように参加者を調整する

参加者は、ビジョンをつくるコアメンバーだけでなく、共創していきたい人たちまで含めて、広く集めるのが理想的です。職種や立場などに偏りがなく、多様な人が集まれるよう開かれた場であることを伝えましょう。また、発言力が高すぎる人や注目が集まってしまう人が一緒に入ることは得策ではありません。気持ちよく話ができるメンバー構成にも注意しましょう。

⑦オープンに話しにくいことは、個別に聞きとる

話しにくい話題があるときは、その場で無理して話す必要はありません。別途アンケートやメールなどで意見を募ってもよいでしょう。

⑧対話の中でよい方向性になるようにファシリテートする

対話の方向性を見守りながら適度に刺激したり抑制したりすることも必要です。具体性に欠けるものや深掘りが必要な発言には質問を投げかけたり、攻撃的な内容や個人的主張の強すぎる発言など

をかわしていきます。

対話を閉ざしてしまう可能性があるため避けるべきことは次の6点です。

- 上層部の人が理想を話す会にしない。普段、ビジョンについて考えていない人が自分の考えを語ることを重視する
- 一人が長々と話す場にしない。できるかぎり、全員の声を聞けるように配慮する
- 誰かが話しているときに、パソコンでメモをとったり、下を向いている状況をつくらない。専任の記録係をつけるなどして、互いに顔を見合える状況をつくる
- 目的を共有しないまま参加する人がいないようにする。参加者が話し合う目的を知っていないと効果が期待できない
- 話し合いの結果を人事評価などに活用しない。自由な意見を許容するのが大前提
- インターネットを使った外部への生配信などを行わない。個々が自由に発言できる文化がない組織では、萎縮させる雰囲気になってしまうため情報の外部公開は慎重に計画する

実は、この本音による語り合いを行えるかどうかが、後々組織の人の血が通ったビジョンをつくれるかどうかを左右してきます。このステップを省いてしまうと、一人ひとりが自主的にかかわれず、自分の目標を見出だせなくなってしまいます。

小さなチームでビジョンをつくっているときは、「自分たちらしさ」についていつも話せているかもしれません。

そういう場合でも、「自分たちが大事にしたいこと」「自分たちがこれだけは嫌だと思う状態」などをしっかり対話していくことをおすすめします。いつも話している内容とは違う、新しい考え方が見つかることもあるからです。

ステップ1-5 自分たちらしさをまとめる

言語化する

ここまで、自分たちの歴史や哲学や資産をあぶり出しながら、自分たちにとっての大事な経験や記憶を呼び覚ましてきました。そこにキーワードがたくさん見えてきたはずです。さらには、一人間としてどのように感じるのか、といった思考も加わった情報ができているはずです。自分たちが誇りをもって、「これが自分たちらしさだ！」と思えるものが見つかっていると思います。

ステップ1の最後は、自分たちらしさを一枚のシートにまとめていきます。図1-9のようにまとめながら、言葉として整理していくと効果的です。

3〜5つの自分たちらしさを表すキーワードは、ステップ1－3の中で哲学・歴史・資産などから見つけ出したものと、ステップ1－4で活動する現場の人たちで対話しながら見つけ出したもの、その両方が入ったものになります。

もしかしたら、経営層が考えている「自分たちらしさ」と、現場の人が考えている「自分たちらしさ」が異なる場合もあるでしょう。その場合は、あらためて互いが考えていることの違いを理解し、そのうえで、包括的に考えることが大事です。「なぜギャップが生まれているのか？」「共通の部分はないか？」と、深掘りして考えましょう。

このステップ1－5でもっとも大事な活動は、すべての「自分たちらしさ」のキーワードをまとめた文章をつくることです。文章にすることで、キーワード同士の関係性、優先順位が明確になります。点として存在していたキーワードを一つの線に結びつけ、さまざまな人にとって読みやすく、理解しやすい状態に編み上げていくのです。

具体的には、キーワードをすべて入れた文章をつくり、それをたたきにして、しっくりくる表現になるように調整していきます。言葉の表現のちょっとした違いで印象も変わってくるので、ここでも自分たちらしい言葉づかい、文章づくりに気をつけてみましょう。たとえば、次のようなイメージです。

私たちは、自分たちのこれまでの活動から「相手の懐に踏み込んでいく」活動が得意であることを発見しました。その中で培ったナレッジは「チームビルディングなど組織を強化していく力」になっています。これらは「越境し世界をつないでいく」という組織の創設当初からの哲学とも

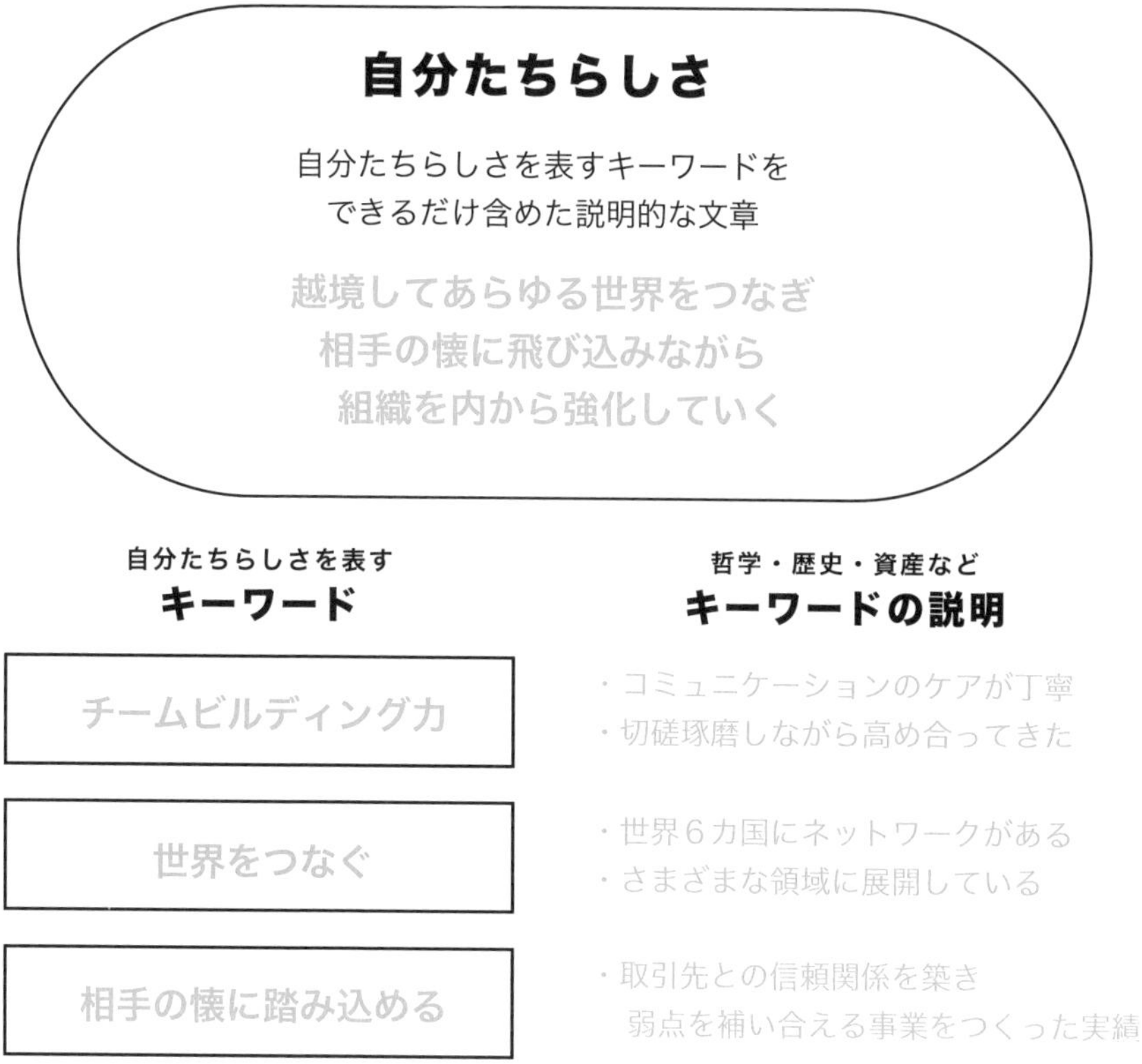

自分たちらしさ

自分たちらしさを表すキーワードを
できるだけ含めた説明的な文章

越境してあらゆる世界をつなぎ
相手の懐に飛び込みながら
組織を内から強化していく

自分たちらしさを表す **キーワード**	哲学・歴史・資産など **キーワードの説明**
チームビルディング力	・コミュニケーションのケアが丁寧 ・切磋琢磨しながら高め合ってきた
世界をつなぐ	・世界6カ国にネットワークがある ・さまざまな領域に展開している
相手の懐に踏み込める	・取引先との信頼関係を築き 弱点を補い合える事業をつくった実績

■ 図1-9　自分たちらしさまとめシートの記入例

つながっています。

「越境して世界をつなぎ、相手の懐に飛び込みながら、組織を強化していく」ことが、自分たちらしく、自分たちの強みを発揮できるのだと考えます。

自分たちらしさを見出すポイント

ここまで見てきたように、「自分たちらしさ」には正解がありません。それぞれの組織には、それぞれの異なる個性があるからです。経験してきたこと、感じてきたことは、人それぞれ、組織それぞれです。自分たちの経験や記憶の中にあるものに注目することができれば、このステップ1は成功ともいえるでしょう。

「自分たちらしさ」をうまく見出すコツは、丁寧に自分たちのことを内省すること、そしてそれを受け入れることです。もしかしたら、自分たちが考えている理想とは、かけ離れた姿が浮かび上がってくるかもしれません。

しかし、まずは自分たちの個性を受け入れ、そのよい部分に光をあてていくことで、自分たちの個性が見えてくるはずです。

ステップ 2

未来の社会像をイメージする

未来の社会像とは何か？

未来における人間の生活を具体的にイメージする

世の中には、たくさんの未来予測とよばれるものがあります。20××年に宇宙旅行が一般的になるとか、20××年にコミュニケーションロボットが家庭に普及するなど、さまざまな現象の変化や技術の進化の傾向を分析し、つくられた未来の姿です。

これまで、成長することを目的としてきた組織では、この未来予測の信憑性を一つの材料としてビジョンをつくってきました。しかし、変化が激しい現代においては、このように過去の傾向から未来を予測することの限界が明らかになってきました。

いま必要なのは、正確に未来を予測することではなく、未来に起こる可能性を広くとらえることと、その未来における人間の生活を具体的にイメージすることです（図2－1）。たとえば、次のように、起

■ 図2-1　未来の社会像を描いたスケッチ

こることだけでなく、生活がどのように変わるのか、考え方はどのように変わったのかまで考えます。

さまざまなモノをシェアする社会がどんどん加速して、人は自分でモノを所有することが少なくなる未来がくるかもしれない。家や服や車や家電のシェアは当たり前になり、シェア効率や誰とシェアをしたかというシェア経験値も重視するようになる。

何が起こるかわからない未来に備えるためには、起こる可能性が低いものであっても、社会や自分たちへの影響が大きいものを、自分たちの生活レベルでイメージすることが重要です。これが未来への見解を広げるとともに、自分たちの可能性も広げていくことにつながります。

なぜ未来の社会像をイメージするのか？

課題を浮かび上がらせる

ビジョンづくりにおいて、未来の社会像をイメージする理由は2つあります。

一つは、ビジョンの前提となる時代背景を設定するためです。どんな未来を前提としたビジョンを考えるのか？　これからのビジョンづくりのステップにおいても、組織やチームへ広く伝えていく過程においても、社会像があると効果的に検討できるようになります。

もう一つは、チームにおける共通の課題認識を探し出すためです。想像した「未来の社会像」の中には、具体的な人間の生活や考え方が入っています。その中には、実現していきたいこと、解決しなければならないこと、どうしても回避したいことなど、さまざまな課題があります。

未来の社会像があれば、これらの課題を浮かび上がらせ、「これを実現させよう」というみんなの目線をそろえることができます。

大学の未来の社会像をイメージした話

首都圏のとある大学で、新たに研究機関を創設するプロジェクトに立ち会ったときのことです。この大学では、「防災・減災」というテーマに対して、さまざまな領域を横断した学際的な研究機関をつくろうと考えていました。

しかし、主要メンバーが集い議論を繰り返しても、なかなかビジョンがまとまりませんでした。「自分たちができることは〇〇だ」「〇〇のように取り組むべきだ」「この分野だったらこんなことをしてみたい」と、それぞれ意見を交わしていたのですが、なぜ「防災・減災」というテーマに取り組むのかという根本が曖昧になっていました。

「防災・減災」という言葉は、有事に対しての備えや対策などのあり方を考えること。何を（What）、どうするのか（How）、が興味の対象となってしまうことは、想像するのに難しくありません。「防災・減災」について、考えれば考えるほど、「What」と「How」の話になってしまい、なぜ・何のためにやるのか（Why）、についての議論をやりにくい状態になっていました。

そこであらためて、自分たちの活動の意義を見出す「Why」に焦点をあてたワークショップを行いました。「防災・減災」に興味をもち研究することの社会的意義を見つけようとしたのです。

そこでは次のような問いを投げかけました。

「もし、私たちが防災・減災に無関心な状態で、首都圏で大規模な災害が発生したら、未来はどのような社会になってしまうだろうか？」

すると、参加者それぞれの専門性や知見をもち寄り、さまざまな「最悪の未来の社会像」が見えてきました。「災害時に助けてくれる拠点が信頼を失っている状況」「災害があったことから何も学ばず、何度も同じ経験を強いられる状態」「国全体のネットワーク機能が破綻し、国力が落ちてしまい、諸外国と対等に付き合えなくなる状態」などです。

一時的な災害の回避や予防ではなく、社会システムとしての防災・減災があぶり出されていきました。最悪の未来の社会像が明らかになったことで、参加者たちは自分たちが対峙していたテーマの重要性に気づき、「これはなんとかしなくては」という危機感とともに、ばらばらの方向を向いていた参加者が、同じ方向を見据えるようになりました。「この最悪な未来にならないようにすること」。これが、自分たちの研究機関が、この活動をしていく社会的意義であると気づいたのです。

このように、「未来の社会像」が共通のイメージとなって、活動の社会的意義を明確にしてくれることがあります。実際、この未来の社会像が見えたことで、「Ｗｈｙ」を設定できました。「未来の社会像」を考えることは、このあと自分たちの役割を見つけていくうえで、とても効果的です（図２－２）。「未来の社会像」を描くことで自分たちの外に目を向けて共通の認識をつくることで、自分たちの考え方に向き合いやすくなるからです。

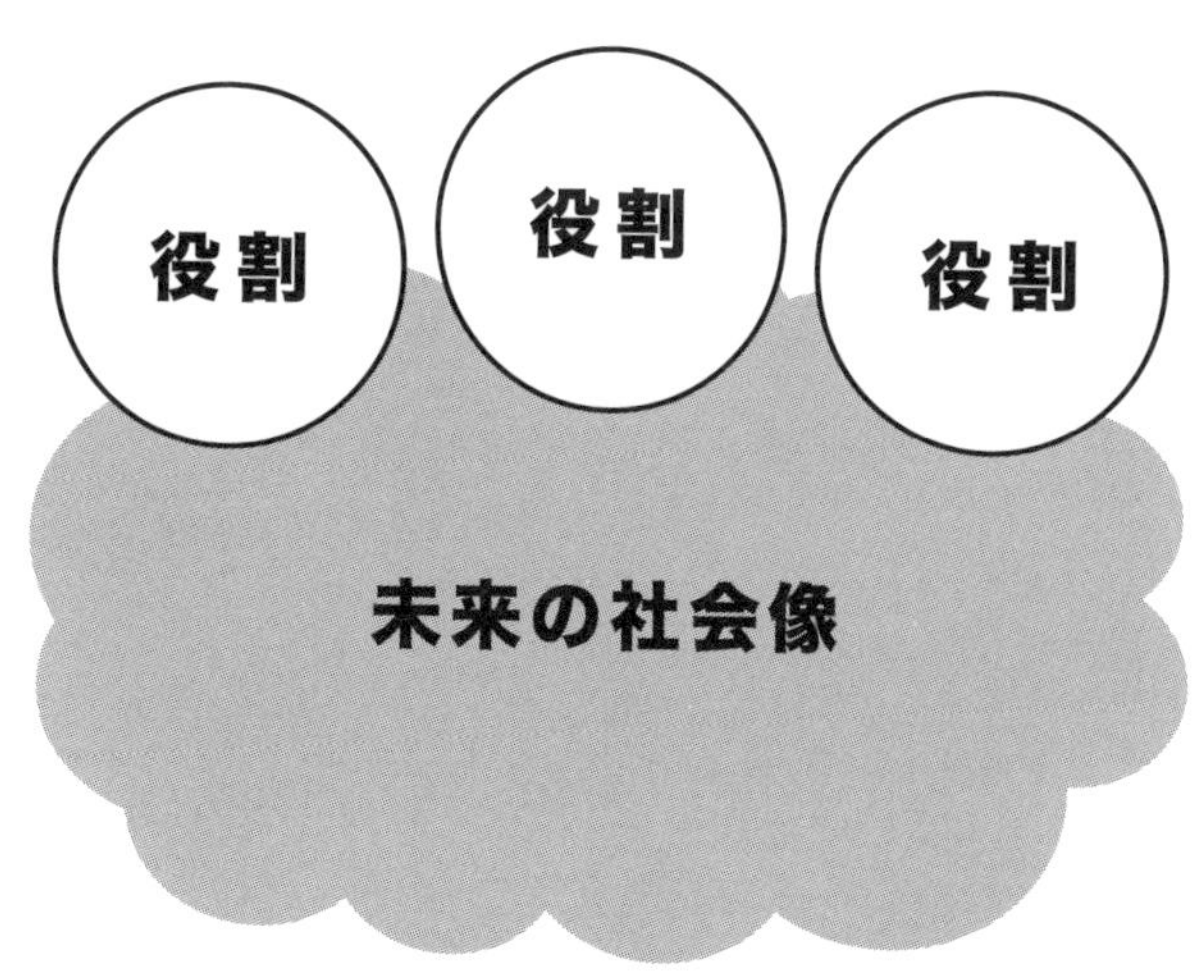

■ 図2-2　未来の社会像と自分たちの役割との関係性

ただ、未来の社会像をイメージするだけなら、わざわざ自分たちで考えなくても、すでに世の中に発表されているデータや未来予測などを参考にすることもできるでしょう。

しかし、ビジョンをつくる際は、自分たちで「未来の社会像」を考えるステップが重要な役割を果たします。不思議なことに、誰かが描いた未来の社会像をもとに話し合っても、リアルに感じられず、「自分たちごと」にできずにビジョンをうまく描けないことがあります。

自分たちの手で、目で、未来の姿をイメージする努力をしていれば、わくわくする心や恐れる心など、自分たちの感情を伴った状態で未来をとらえられるので、自分たちの血が通った未来の社会を描き出せます。そして、その背景にある時代の流れや社会の動きへの理解も深まり、未来の社会像へのリアリティが大きく高まります。求められていることが見え、自分たちが担っていける役割もより明確になっていくでしょう。

未来の社会像をイメージすることとは、自分たちが主体性をもって手を動かして深く考え、自分たちの未来をつくりだしていくために不可欠なのです。

未来の社会像をイメージする方法

未来に起こるかもしれない可能性に目を向ける方法は、「未来洞察」というメソッドとして、多くの企業でも取り組まれています。本書ではその方法を参考にしつつ、取り組みやすいようにした方法を紹介します。次の3つの手順となります。

ステップ2－1 社会が変化する兆しを集めてシートにまとめる

ステップ2－2 これから来るかもしれない社会の仮説を立てる

ステップ2－3 未来の社会像をまとめる

ここでは、チームでワークショップ形式で実施することを想定しています。まずは一人ずつ、変化の兆しを集め、それをチームへともち寄って、変化の仮説を立てます。そしてそれを未来の社会像としてまとめる流れです。

ステップ2-1 社会が変化する兆しを集めてシートにまとめる

日常的に目にしているニュースや身の回りに起こったことなどから「変化してきたと感じること」「これから変化しそうなこと」などの情報を集めます。

明らかに傾向があるものでなくても、「最近こういう話、よく耳にするな」「これって、これまでだったら話題にものぼってこないようなものだよな」と感じるものなど小さな変化に注目します。そういった自分のアンテナにひっかかるようなものが、社会を大きく変えていく「変化の兆し」となるかもしれません。

逆に、メガトレンドのようなものはすでに世の中に流通している情報なので、多くならないように配慮しましょう。重要なのは、気づいていなかったことに気づくきっかけをつくることです。自分だけが感じている違和感や、自分の趣味の世界のことなども取り上げてみると、思わぬ発見が待っていることがあります。

具体的には次の流れで取り組んでください。

①社会が変わってきていると感じる「変化の兆し」を探す

さまざまなニュースやSNSの情報、日常的に目にしているもの、身近な人との会話などから探すとよいでしょう。このとき、次のような4つの問いを起点に探すと効果的です。一つの問いについて、一つの「兆し」を探すと、一人あたり計4つ集めることができます。

・最近、びっくりしたニュースは何?
・最近聞いた、生き方を変えた人の話を教えて!
・最近、話題になった面白いサービスは何?
・社会が変わってきていると感じた出来事は何?

②集めた「変化の兆し」を一枚のシートにまとめる（図2－3）

「変化の兆し」シートには次の項目について記入します（図2－4）。

・変化の兆しの特徴を表すタイトル
・象徴的な画像

特徴を表すタイトル

画像	**概要** ● ● ● **わたしが感じたこと**

■ 図2-3　変化の兆しシート

特徴を表すタイトル

メタバースの不動産ブームに見える
SNSのマンネリ化

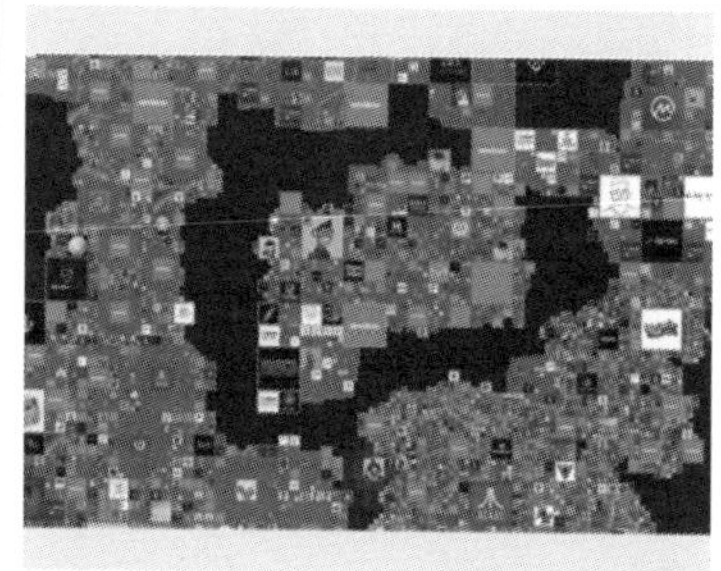

概要

- 仮想空間での土地の値段が高騰。投資家もこぞって購入している。
- 10日間で数倍になった土地も。

わたしが感じたこと

- メタバースが面白いということではなく、SNSで行き場のない人や新たな活動先を欲している人が多いという状況が見える。

■ 図2-4　変化の兆しシートの記入例

・概要を3～5つ程度
・自分が注目した理由、感じたこと

ステップ2-2

これから来るかもしれない社会の仮説を立てる

「変化の兆し」シートをもとに未来の社会の姿について仮説を立てていきます。「変化の兆し」の共通性に注目すると、それらの背景にある大きな時代の流れや、社会で起きていることが少しずつ見えてくるでしょう。次の流れで進めていってください。

①複数の「変化の兆し」シートの中で共通する要素を見つける
一見共通する要素がなさそうな「変化の兆し」であっても、一段抽象的に見てみたり、想像力をふくらませながら、何かしらの共通項を見つけます。

②集まった「変化の兆し」シート全体を見ながら、独自性の高いグループの分け方を探る
共通している要素に注目しながら、全体を独自の切り口で分けるとしたら、どんなグループに分け

られるのかを考えます。このステップに正解はありません。10人やったら10人違う分け方をするでしょう。グループ化する狙いは、その切り口自体を発見することにあります。「自分だったらこう分ける」「私だったらこう分ける」という意見を互いに出し合いながら、自分たちにとって新しい見解が得られそうだと感じる分け方を探します。

③各グループにラベルをつける

ラベルとは、そのグループの特徴を表すタイトルのことです。たとえば「土地を所有することの価値が感じられなくなる社会」「これまでマイノリティだった生き方が注目されるようになる社会」など、説明的になってもよいので、具体的な表現にして「未来の社会」への解像度を高めます。ここでは、8～12程度の社会像を見つけられると、次のステップが効果的になります。一つのネタから複数の社会を見出しても大丈夫ですので、多様性を意識して視野を広げます。

④全体を見渡して、見落としている視点がないかを確認する

ここでは「未来の社会像」について、幅広い視点で見出すことが目的なので、見落としている視点がないか、新しい切り口がないかを見直します。たとえば、日常的に興味をもっている社会課題(たとえば、脱炭素の問題や空き家問題など)が入っていなければ、どこに含まれそうか考えてみると、別の視点から未来の社会をイメージしやすくなります。

ここで仮説を立てるときには、「もしかしたら○○かもしれない」という推論が必要になります。ただ何の脈絡もない発想をするのではなく、複数の「変化の兆し」から共通点を見つけ、そこから推論を立てる帰納法で行います。帰納法は、とくにビジョンをつくるときによく活用する思考法で、複数のことから共通点を見つけ、要素を統合しながら仮説を構築する方法です。拡張的に解釈する必要があるため、慣れていない場合は不安になる人もいるかもしれませんが、あくまでもたくさんの仮説をつくることを目的としていると割り切って考えましょう。

ステップ2-3
未来の社会像をまとめる

見えてきたさまざまな未来の社会についての仮説それぞれが、どのような世界観で成り立っているのかを「未来の社会像」シートに記入します（図2－5）。一つの社会に対して一枚のシートを用い、次の項目を埋めていきます。

- 「○○社会」にタイトルを記入
- 「いままでは、○○だったが、これからは、○○になる。」にそれぞれの社会の違いを記入

未来の社会像

この社会で変化すること

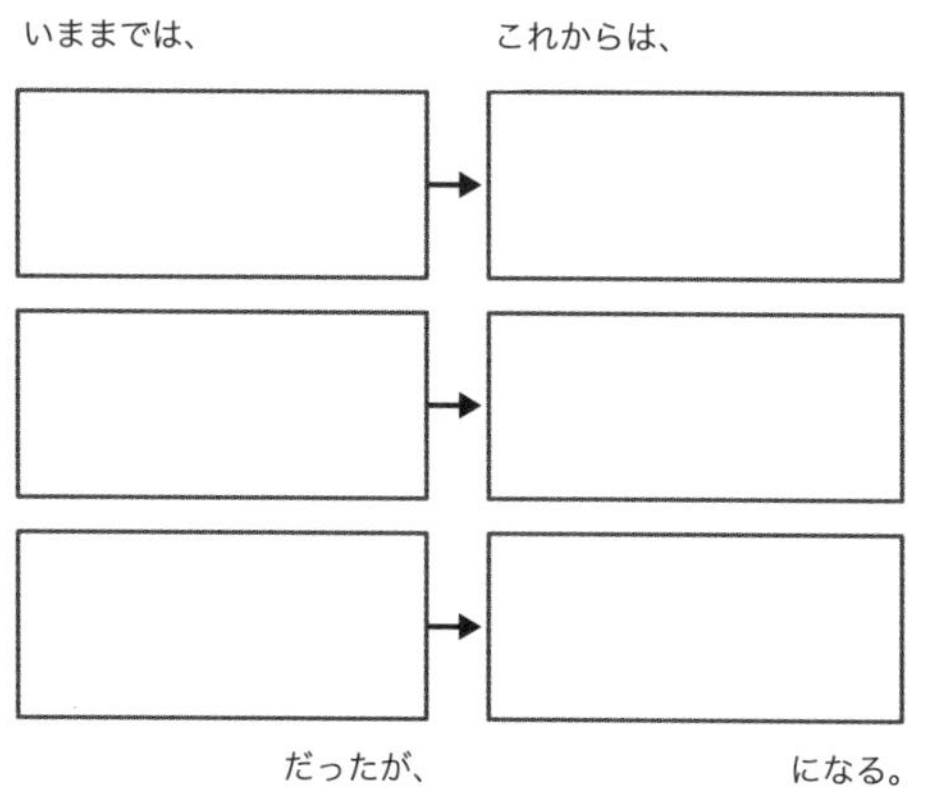

この社会の特徴

図2-5　未来の社会像シート

- 「この社会の特徴」に3つ程度箇条書きで記入
- イメージ写真などがあれば添付

絵を描くのが得意な人がいたら、イメージスケッチを入れても構いません。具体的なビジュアルイメージがあれば社会について議論しやすくなり、効果的です。

その世界で生きてきている人たちの価値観の変化、そのような社会になったきっかけ、そのときの人間の生活への影響なども考えてみます。

「未来の社会像」シートの記入内容は、正確なデータによる予測ではありませんが、自分たちの身の

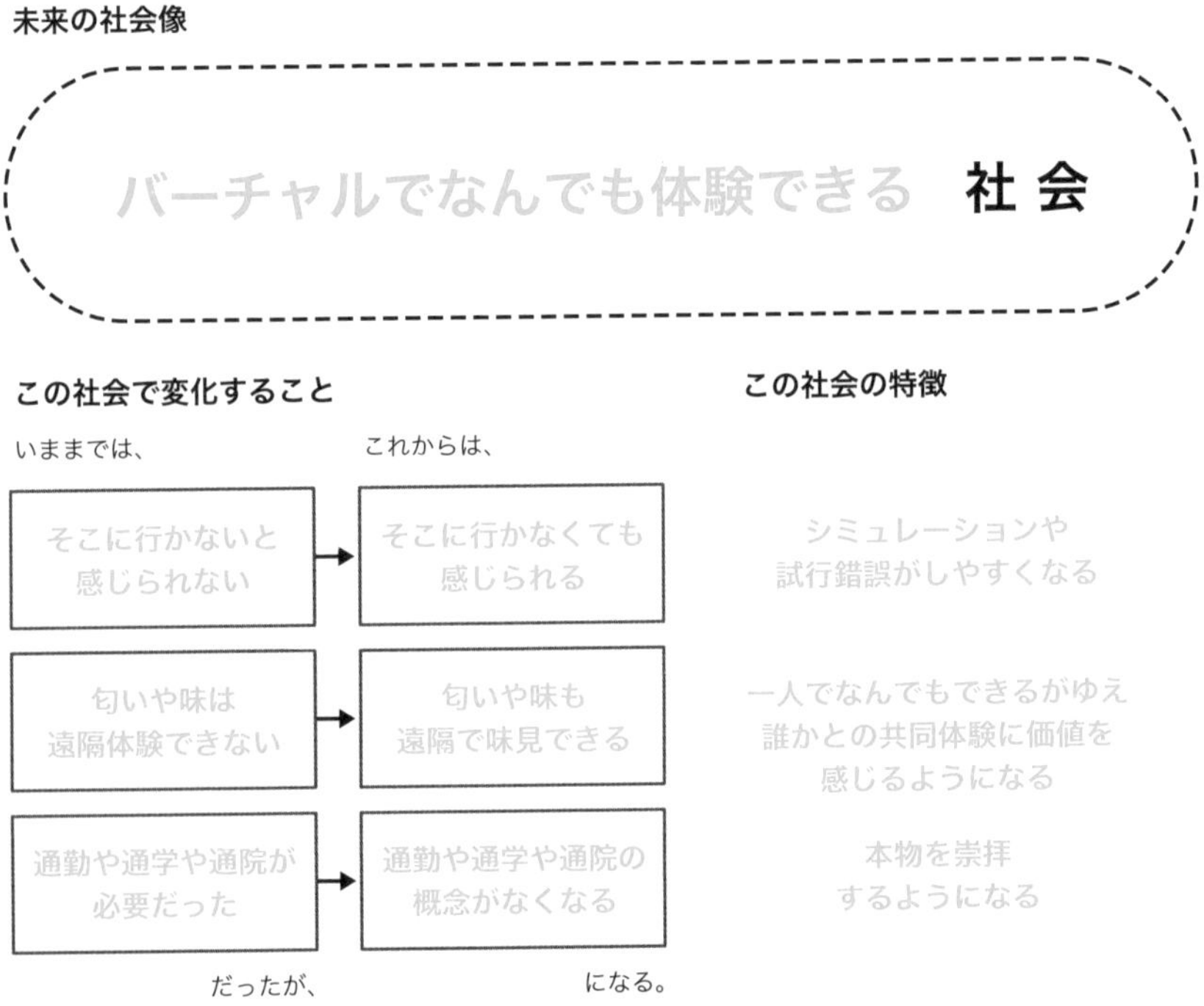

未来の社会像

バーチャルでなんでも体験できる　**社会**

この社会で変化すること

いままでは、		これからは、
そこに行かないと感じられない	→	そこに行かなくても感じられる
匂いや味は遠隔体験できない	→	匂いや味も遠隔で味見できる
通勤や通学や通院が必要だった	→	通勤や通学や通院の概念がなくなる
だったが、		になる。

この社会の特徴

シミュレーションや試行錯誤がしやすくなる

一人でなんでもできるがゆえ誰かとの共同体験に価値を感じるようになる

本物を崇拝するようになる

図2-6　未来の社会像シートの記入例

回りから感じとったこと、気になっていることなどを盛り込んだ社会の変化についての仮説です（図2－6）。

これらの社会像は、未来の姿を想像したり、自分たちがやってみたいことを明確にするときに役立つだけでなく、未来の社会に対して、自分たちにどのような価値があるのか、どのような役割があるのかを見つけるきっかけとなるでしょう。

未来の社会像をイメージするポイント

このステップ2では、社会に対する視野を広げることが目的です。日ごろ、ニュースをよく見ている人も見ていない人も、世の中を見渡すチャンスだと思って臨むとよいでしょう。そして、過去の出来事の延長線上にあるような未来だけではなく、突然変異型の未来もすべて許容していくことが大切です。

「正しい推論になっているか？」「本当にこうなるのか？」と考える必要はまったくありません。なぜなら、誰にも未来のことはわからないのですから。ここで考える未来はあくまで、視野を広げるためにつくるもの。むしろ、起こる可能性が低くてもよいのです。「脈絡のない発言」「突拍子もない妄想」を排除しないように意識し、「起こるかもしれない未来」の視野を拡張させましょう。

それぞれが思い描く未来の社会像が似かよってしまうと、視野を狭めてしまうことにもなりかねません。できるかぎり多様な未来の社会像を想像することを意識して進めましょう。

ステップ

3

未来の自分たちの役割を見つける

自分たちの役割とは何か？

主語を「自分」から「自分たち」へ

突然ですが、みなさん自身は何のために働いているのでしょうか？
お金を稼ぐため？　キャリアを積むため？　社会に参加するため？
さまざまな考えがあるでしょう。

しかし、主語を「自分」ではなく、「自分たち」としたときどのように答えますか？　「自分たちの組織は何のために活動しているのか？」「自分たちの会社は何のために存在しているのか？」こう考えたとき、なかなか明確には答えられないかもしれません。
「自分たち」を意識したとたん、難問になります。組織の全体像をとらえ、社会に対してどのように貢献しているのか、その役割を意識していなくてはならないからです。

実はこの問いの答えが、「パーパス」とよばれている社会的意義を表します。

昨今、組織のパーパスを明確にする企業が増えています。企業では、経営層や経営をリードする専門部署がパーパスを決め、組織全体へトップダウンで通達される様子をよく見ます。

その組織の責任の所在を社会に対してつまびらかにし、活動方針を明確にすることで、組織の中で働く人も一緒に活動する取引先も、動きやすくなるからです。

企業にとって「自分たちの社会的な役割」とは、いわば社会との約束ごと。マニュフェストのようなものといってもよいかもしれません。

一方で小さな組織やチームでは、「社会にとっての自分たちの役割」を考えることは少ないのではないでしょうか。ゴールを掲げることはあっても、自分たちが周囲に与える影響や、自分たちの外の世界にとっての役割まで意識して働くことは、そんなに簡単なことではないからです。

なぜ自分たちの役割を見つけるのか？

社会とつながり価値を高める

とある研究機関とビジョンを考えていたときのことです。その研究機関では、業務のほとんどが親会社であるメーカーから依頼されたもので成り立っていました。

そのため、「自分たちの役割は？」と聞かれると、「そのメーカーが喜ぶ研究をすること」と答えることが多くなっていました。自分たちの研究が、社会にどのように役に立っているのか、生活者の暮らしをどのように変えているのか、という視点が欠落していたのです。

BtoB（Business to Business）、いわば企業向けに仕事をしている企業では、よくこのようなことが起こります。社会と自分たちの組織との距離が遠すぎる、または社会と自分たちの組織の間にたくさんの組織が介入している場合、ビジネスの外の世界、たとえば一般生活者の価値観や身近な社会で起こっている問題を感じにくくなってしまいます。

しかし、だからこそ自分たちの外の世界を意識し、外から自分たちのことを見つめることに意味があります。このステップ3では、自分たちが直接かかわり合いのある組織や人たちのつながりを越えて、広く世界を見わたしながら、社会に対して自分たちがどのような影響をもたらすことができるのかを考えていきます。

「社会にとっての自分たちの役割」を考えることは、提案性を高め、パワフルで価値のある活動を生み出すためには欠かせません。さらに、同じことを考えている組織同士を引き寄せ、協業や共創などの協力体制を築きやすくなります。

未来の社会で自分たちの役割を見つけるために

最高のマッチングを探す

このステップ3は、「自分たちの役割」を探索するステップですが、「いま」の社会ではなく「未来」

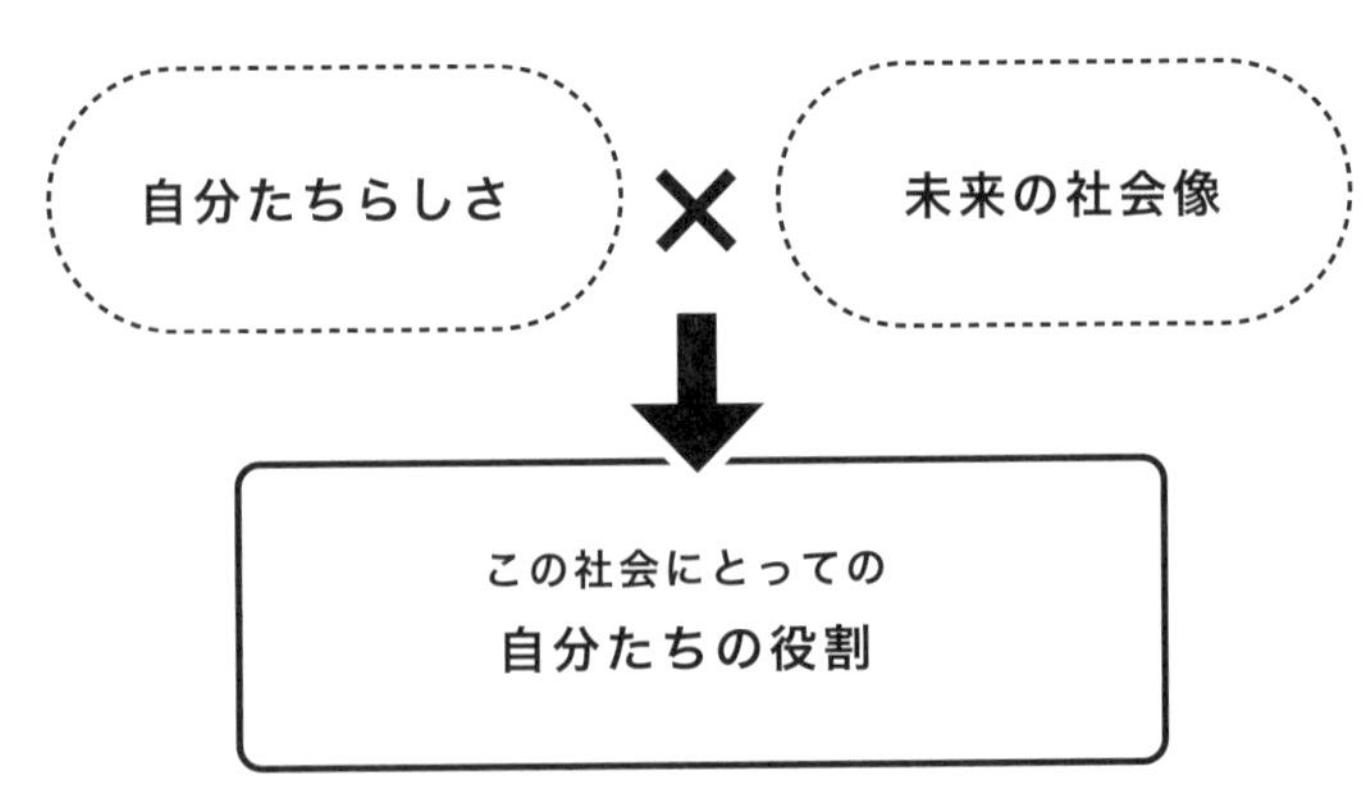

■ 図3-1　自分たちの役割を見出す仕組み

の社会に注目して考えます。未来の社会での自分たちの役割を見出していくのです。

少し複雑に見えるかもしれませんが、考えるための素材はすでにそろっています。ステップ1で見つけた「自分たちらしさ」とステップ2でイメージした「未来の社会像」、この2つの最高のマッチングを探していきます（図3―1）。

もしかしたら、いまはとても価値のある「自分たちらしさ」であっても、未来の社会の中では価値がないかもしれません。これからの自分たちの新しい顔を探すつもりでやっていきましょう。逆にいうと、自分たちが納得できるかたちで、未来の社会像にマッチする自分たちらしさを探し出すことができれば、それが自分たちの存在意義となり、活動していく意味をつくり出すことにもなります。

自分たちの役割を見つける方法

自分たちの役割を見つけるためには、次の3つの手順にそってワークシートを記入していきます。

ステップ3－1　一人ひとりが自分たちの役割を見出す
ステップ3－2　チームで注目すべき自分たちの役割を特定する
ステップ3－3　自分たちの役割の価値を整理する

ステップ3-1

一人ひとりが自分たちの役割を見出す

「役割発見シート」で可能性を見出す

「役割発見シート」とは、2つの要素をかけ合わせて発見を促進するものです。ステップ1で見出した「自分たちらしさ」から一つ、ステップ2で想像してきた「未来の社会像」から一つをランダムに組み合わせ、その組み合わせの中に、自分たちが活躍できそうなシーンが思い描けるかどうかを考えます（図3－2）。うまく思い浮かばなかったらどんどん組み合わせを変えることで、発想を促進します。

「自分たちらしさ」の欄には、ステップ1で見出した「自分たちらしさ」を表すキーワードを記入します。「未来の社会像」の欄には、ステップ2で想像してきた「未来の社会像」から、その社会のタイトルを記入します。

「この社会にとっての自分たちの役割」の欄には、「自分たちらしさ」と「未来の社会像」の両面か

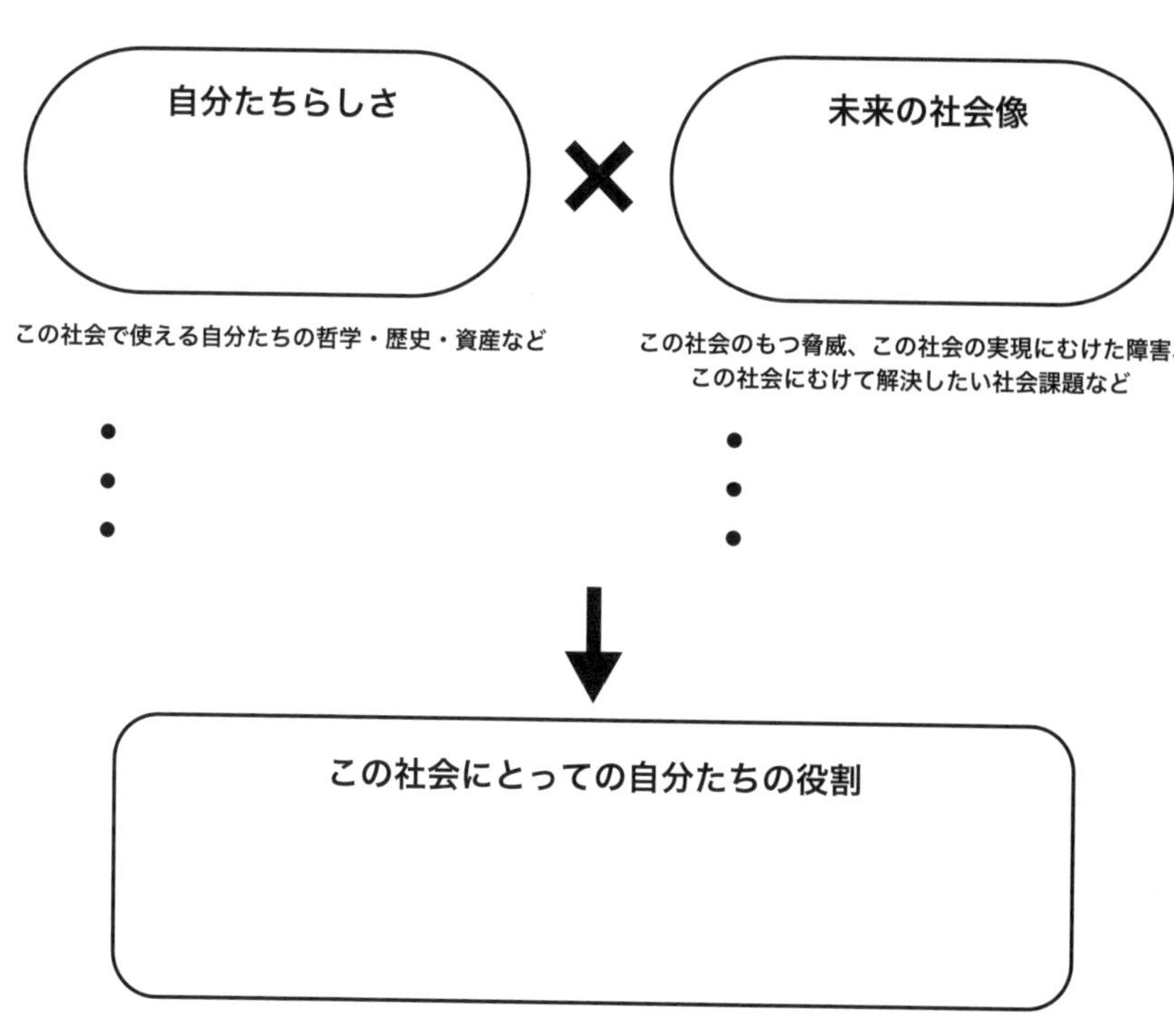

■ 図3-2　役割発見シート

ら、この社会で自分たちが貢献できそうなこと・立ち向かうべき課題・取り組むべき役割などの仮説を記入します。

チーム全体で3~8枚程度のシートを書けると発見に多様性が生まれるため、次のステップが検討しやすくなります。

「自分たちらしさ」と「未来の社会像」には、相性があります。それぞれを見比べながら、相乗効果のあるものを探索しましょう。相性がよいかどうかを判断するコツは、互いの関係性に注目することです。

- この「自分たちらしさ」があることで、この「○○社会」

をつくることができる

•この「◯◯社会」をつくるためには、この「自分たちらしさ」が必要である

このように、それぞれの方向から考えた場合でも、互いを必要としている関係、相思相愛の関係を担っているものを探すのが理想的です。サービス企画や事業開発をしている方にはなじみのある「プロダクト・マーケット・フィット（PMF）」の考え方と似ているかもしれません。互いが互いを活かし合えるような組み合わせを見つけられるよう、一つひとつをしっかりとイメージしながら進めていきましょう。

相性のよい組み合わせが見つかったら、シートに「自分たちらしさ」と「未来の社会像」をそれぞれ記入します。

このようにかけ合わせた姿を想像しているうちに「これは自分たちにしかできないことかもしれない！」というような、自分たちの役割が見えてくることがあります。そうしたら「この社会にとっての自分たちの役割」の欄に自分たちの役割を書き込みます（図3－3）。

「この社会にとっての自分たちの役割」は、さまざまな可能性が考えられると思いますが、より特徴的なものを1～2つ簡潔に記入します。次のような問いを立てて考えると、自分たちがこの社会に貢献できそうなことが見えやすくなります。

自分たちらしさ

新しいライフスタイルを提案することが得意

未来の社会像

バーチャルでなんでも体験できる社会

この社会で使える自分たちの哲学・歴史・資産など

- 地域密着型の活動が得意
- 産業の活性化の実績
- 暮らしの智慧から文化をつくるという哲学

この社会のもつ脅威、この社会の実現にむけた障害、この社会にむけて解決したい社会課題など

- 人と人の触れ合いが希薄に
- 地域性が失われつつある
- 土地に眠る智慧の伝承が課題

この社会にとっての自分たちの役割

バーチャルでなんでも体験できるようになってくる社会において、その地域に根づく暮らしの智慧を掘り起こし、伝承しながら、新たなライフスタイルを提案していくこと

図3-3　役割発見シートの記入例

- その未来の社会像では、自分たちがかかわることでどのような推進ができそうか？
- その未来の社会像での困りごとを解決する場合、自分たちがかかわることでどのような解決ができそうか？

「自分たちの役割」を考えているときに、行き詰まってしまうことがよくあります。「いろんな役割がありすぎて何を書いていいかわからない」「自分たちだけの役割でいいんだろうか」と、不安になってしまうのです。「自分たち」とよんでいる範囲が曖昧になることが大きな要因です。

とくに、大きな組織の中の一つ

の部署でビジョンを考えている場合、「チームの役割」で考えた場合と「組織全体の役割」とでは、それぞれの役割が異なってくるからです。

このような場合には、前章で定義した「自分たち」の範囲を思い出し、その範囲で考えるのが先決ですが、実際は「企業全体」と「部署」の間での差分を明らかにしていくことも重要になってきます。社会に対して企業が担う役割があり、それをさらに前進させるために部署が存在していることも少なくないからです。会社全体の社会的役割が明確になっている場合には、ここで確認しながら進めていくとよいでしょう。

「自分たちの役割」には正解があるわけではありません。しかし、ここで見つけ出したものは、自分たちにとって大事な発見になるはずです。可能性を見つけていくという気持ちでシートをつくりましょう。

視点を変えた役割の見つけ方

このワークシートは、○×○＝○というシンプルな構造をしています。しかし、どの○にも好きなものを入れてよいとなると、基準がなくて難しいと感じる方もいるかもしれません。少しでもやりやすくするために、応用的な方法として2つのパターンを紹介します。自分たちのもっともやりやすい方法を選んで、試してみてください。

- 社会像からの探索パターン
- 自分たちらしさからの探索パターン

社会像からの探索パターン

社会像からの探索パターンとは、取り組んでみたいことや具体的に興味をもっている社会像を起点に考える方法のことです（図3－4）。ワークシート右側の「未来の社会像」を起点にして考えます。選んだ「未来の社会像」に合うような「自分たちらしさ」や「自分たちの役割」を見出す進め方です。

たとえば、「空き家問題を解決したい」というテーマを抱えていたとします。まずは、空き家問題が解決されているような、未来の社会像を自分たちの手持ちの素材の中から探します。「住まいをシェアし合う社会」という社会像を見つけたとしましょう。住まいをシェアし合う社会は、空き家問題を解決できそうだ、と考えることができるからです。そこで「未来の社会像」の欄には、「住まいをシェアし合う社会」と記入します。

その下に「住まいのシェア」「空き家問題の解決」などと、メモを残していきます。

「シェアし合う社会」について最初から興味をもっていて「シェアし合う社会」と記入した場合は、具体的に解決したい課題を明確にするために、「未来の社会像」の下にある箇条書きの欄に、この社会で解決したい社会課題などを記入するとよいでしょう。

■ 図3-4　未来の社会像から役割発見シートを記入した例

次のような問いによって、未来の社会像の中の具体的なテーマが浮かび上がりやすくなります。

- ここで脅威となるものは何か？
- 立ち向かうべきものは何か？
- 推進したいことは何か？
- ゼロから編み出さなければならないことは何か？

次に、この社会で役に立ちそうな「自分たちらしさ」を手持ちの素材の中から探して記入します。たとえば「たくさんの情報を取り扱うのが得意」や「人と人をつなぐことが好き」などの自分たちらしさが該当するかもしれません。

この特性があれば、住まいをシェアし合える環境がつくりやすくなりそうだからです。

一見、うまくマッチするようなものが見つからない場合には、選択した「未来の社会像」の姿を少し具体的にとらえ、課題を挙げていくと考えやすくなります。たとえば、「シェアするために人と人をどうつなぐのか？」「所有物をどう管理するのか？」などです。このように課題を挙げていくことで、その課題を解決できる「自分たちらしさ」を選定していくことができるでしょう。

最後に、この状況で「この社会にとっての自分たちの役割」を記入します。この例の場合だと、「さまざまな物件情報と人と人をつなぐ」役割を担うことができる、と考えて記入できます。

自分たちらしさからの探索パターン

自分たちらしさからの探索パターンとは、「自分たちらしさ」を起点に考えていく方法のことです（図3－5）。自分たちの強みが明確な場合や、逆に自分たちの弱みを強化したいと思っている場合など、自分たちらしさを先に定め、その特性を活かして未来の社会像を探索します。

たとえば、「自分たちらしさ」を「生活者の声に耳を傾ける姿勢」としている場合、この特徴を活かせそうな「未来の社会像」を探索すると、「誰もが互いに学び合える社会」や「消費者も生産者もなくともにつくっていける参加型の社会」などが選ばれるかもしれません。生活者の小さな声に耳を傾けながら活動する特性を活かすことで、互いに耳を傾け合える社会の姿を生み出すことができ、それが互いに学び合える社会や、参加型の社会につながるかもしれない、と考えられるからです。

自分たちらしさ
生活者の声に
耳を傾ける姿勢

未来の社会像
消費者も生産者もなく
共につくる
参加型の社会

この社会で使える自分たちの
哲学・歴史・資産など

- 年間100件の生活者調査
- 文化人類学の知識を活用した技術

この社会のもつ脅威、この社会の実現にむけた障害
この社会にむけて解決したい社会課題など

- 空き家問題の解決
- 住まいのシェア

この社会にとっての自分たちの役割
参加型社会の中でさまざまな人々が
声を聞き合う場をつくる

■ 図3-5　自分たちらしさから役割発見シートを記入した例

そして、組み合わせが見つかったら、あらためて「自分たちらしさ」の中で具体的に使えそうな技術や資産などを考えます。自分たちの活かしたい強みがより明確になっていくでしょう。

最後は、これまでと同様に「この社会にとっての自分たちの役割」を記入します。この「自分たちらしさ」があれば、この「未来の社会像」の実現に向けて、どのような課題を解決したりどのようなことを促進していくことができるのかを探しながら考えます。

同じ例の場合、たとえば「参加型社会の中でさまざまな人々が声を聞き合う場をつくる」などで

す。自分たちにとっても、外の人たちから見ても、具体的な活動のイメージを想起させながらもその価値がわかるような書き方をしていきましょう。

ステップ3-2

チームで注目すべき自分たちの役割を特定する

ステップ3-1では、さまざまな可能性を広げるためにワークシートを用いて考えました。ステップ3-2では、これらの情報をもとに、チームで話し合いながら具体的にイメージを読み解いていきます。

個々人でワークシートを作成していれば、チームで集まったときに複数のシートが集まってくるはずです。このときに、それぞれの意図を確認しながら面白いと思う点、発展していく可能性などを自由に語り合います。

似たような内容のシートがあった場合には、安易に統合したりせずに、何が似ているのか、何が似ていないのかを明確にしていきます。このような話し合いによって、シートの内容を全員で読み解いていくことができます。

時には、新たな「自分たちの役割」が発見されたり、自分たちのことを表すよい表現が見つかることもあるでしょう。まさに、ブレインストーミングをやるようなつもりで、発散的に出していってください。チームで話し合いながら、自分たちの役割の一つのイメージが明確になっていくはずです。

ステップ3-3

自分たちの役割の価値を整理する

ここでは、「自分たちの役割」を管理しやすい表現に整理していきます。自分たちがこの役割を見て、社会にもたらすよい変化とともに自分たちの具体的な活動のゴールを想像できる表現にまとめられるのが理想です。「○○のために○○で○○を○○する」など、これまで検討して大事だと思ったキーワードを簡潔に入れ込み表現します。

たとえば「世界と日本の架け橋となり、互いが刺激し合って新たな文化をつくり育む土壌をつくる」「新たな挑戦を始める人たちにとって、世界最先端の技術と柔軟で広いネットワークを駆使することで、唯一無二のパートナーになる」などです。

多分野で事業展開をしているような大企業では、多くの自分たちの役割が見出されていることでしょう。全体を管理しやすいように「自分たちの役割」を8つ程度以内（1〜6つ程度が理想）になるように、抽象度を意識してまとめます。「自分たちの役割」は、今後具体的なビジョンをつくるうえで、重要な要素になります。しかし、数が多すぎるとビジョンの全体像をとらえにくくなってしまいます。組織やチームの全体が見えている人の意見や、トレンドリサーチなどの調査データを参考にしながら優先度を設定していくことも視野に入れて検討してください。

未来の社会で自分たちの役割を見つけるポイント

迎合しない

「自分たちの役割を見つける」際に注意すべきポイントは、すべての情報をまとめようとしすぎないことです。

ここまで検討してきた情報は相当な分量になっているはずです。これらすべてを含むように考慮しようとすると、情報は抽象化され、一般化され、どこかで聞いたような内容になってきます。

たとえば、「サスティナブルな社会に貢献する」や「安心・安全な社会をつくる」などです。そこに「自分たちらしさ」は入っているでしょうか？

組織を代表するものを決めるのだから、「みんなが納得するものをつくらなくてはならない」と考えて、大勢の人の意見を聞き入れすぎてしまったり、せっかくとがっていた特徴が無難な表現になってしまうということが起こりがちです。

ここまでに、「自分たちらしさ」や「未来の社会像」を考えてきたからこそ見つけられるような、ユニークな表現を目指しましょう。

ステップ 4

未来の風景を描き出す

未来の風景とは何か？

未来に思いを馳せて

ここまで、さまざまな情報をたくさん見えるようにしてきました。自分たちらしさや、未来の社会像の仮説、そして自分たちがどのような役割を担っていけるのかなどです。隠れていたこと、埋もれてしまっていたものなどに目を向けて、自分たちが未来をつくっていくための大切な素材が集まった状態です。

ステップ4では、これらの素材をつなぎ合わせながら一つに統合し、多くの人に伝わりやすいビジョンマップという一枚の絵にしていきます。まさに、自分たちの「未来の風景」を描いていくステップです。単純に情報を寄せ集めるのではなく、可能な限りシンプルな構図、わかりやすい表現にまとめていきます。

これまで集めてきたたくさんの情報をとりこみまとめるためには、一枚の絵で表現するととても効

図4-1　未来の世界を風景として想像する

果的です。状況や状態は、文章にすると長い表現になりますが、絵にすることでパッと一目で見てわかるように伝えることができます。とくに、風景画のような絵の場合、背景があり足場があり、その上にさまざまな生活風景や人、人の営みを描くことができます（図4－1）。絵では、たくさんの情報を一つの世界観に凝縮して表現できるのです。

ビジョンマップでは、自分たちがつくっていきたい未来の風景を一枚の絵で描きます。たとえば、SF映画を見たときの感覚を思い出してください。未知の街や建物、使っているもの、人々の身なりや行動などさまざまなものが出てきますが、その背景には一つの文化があり、社会的な規範や、人々の価値観などを感じとることができます。

統一された世界観があることで、未知の世界であっても、自分があたかもそこにいるように、物語に没入できます。

しかし、「絵を描くのは苦手」「みんなの意見を代表して絵にするなんてハードルが高すぎる」と感じる方もいらっしゃるでしょう。その場合は、たくさんの画像を切ってコラージュのように貼り合わせてもよいでしょう。また、絵だけでなく、文字を書き込んでも大丈夫です。大事なことは、一つの平面の中にさまざまな人の活動風景が見えるという状況です。

自分たちが理想とする未来の風景が、どんな活動や人間の行動により成り立っているのかを包括的にとらえ、全体像として想像します。一つの社会の風景を雲の上から見ているような気持ちで進めていきましょう。

なぜ未来の風景が必要なのか？

自分たちらしさを発揮する舞台

これまで、「ビジョン」とよばれるものは、北極星にたとえられることが多くありました。さまざまな天体が動く中で、北極星だけは不動です。目まぐるしく変化する社会の中で行先がわからなくなっても、北極星のように不動のビジョンがあれば、チームや組織としても安心できるものがあったのでしょう。

そして、パワフルなリーダーになるようなビジョナリーな人物は、「社会を変えるような強烈なビジョン」を指し示すことで、人びとの心に火をつけ、大きな功績をあげていくという成功体験がありました。たとえば、ビル・ゲイツが「世界中の家庭にPCを」と謳い、それを追いかけて世界中のメーカーがPCを開発し、世界中の人々の生活が変わったように。未来の生活に夢を見て、みんなで手をとりあって邁進してきたのです。

しかし、これらのように強烈な「ビジョン」を掲げ、みんなで同じ方向を向いて歩くという価値観をあらためて考えてみるとき、現代の働き方や現代のイノベーション創出のあり方とのギャップを感じることがあります。

急速な技術の進歩に加え、さまざまな価値観が受容される現代の社会では、いろいろな分野を越境した人が共創しながら、社会の中でさまざまな試行錯誤を行い、未来の可能性を拡張していく活動が重視されています。一つの強烈なビジョンを掲げ、大勢の人が同じ方向に向かって進むことは、むしろ、リスクにもなる可能性があります。

このような社会において、あらためて組織やチームが未来を向いて活動するために必要なのは、遠くに輝く北極星ではなく、一人ひとりが自分たちらしさを発揮していける未来の風景、文化的な意味をもつ一つの世界観であると考えています。

未来の風景を描き出した話

とある科学技術研究会社でのことです。

この会社はアイデアマンに溢れ、つねにたくさんのテクノロジーに関する実験が行われていました。メンバーそれぞれが、新しい技術を調査し、試作品をつくり、論文を発表したりして、活発に新しい事業の種が生まれている状態でした。

しかし、隣の人が何を研究しているのか、最新の成果物が何なのかはわからない、という状態だったのです。互いに忙しすぎて、交流する時間すらとれていませんでした。このような状態では互いに高め合えるような技術開発ができない、と危機感を覚えたマネージャーから「私たちの開発した技術ややってみたいことを見えるようにしてほしい」という相談がありました。

そこで、チームのコアメンバー数人を集め、いまやっていることやこれからやってみたいことなどを話し合ってもらいました。「ロボットと一緒に飲み会を楽しむシーン」「自分の理想のライフスタイルを自在に選びながら生活しているシーン」など、わくわくするシーンがたくさん出てきます。

話を聞きながら、それがどんな技術なのか、生活者にとってどんな変化があるのかを意識してグラフィックレコーディングを行いました。

たくさんのアイデアを記録した紙を見渡すと、そこにはこれまでには見たことのない生活をおくる人びとが描かれていました。そして、その生活の場には、新しい飲み屋、新しい家、新しいお店など、新しい街が浮かび上がっていたのです。

その絵を描くまでは、一つひとつの「テクノロジー」として認識されていたものが、生活を豊かにするための重要な技術として認識されるようになりました。

未来の風景として絵を描いたことで、参加者は「こんな風景をつくり出したい」「こんな生活風景に自分たちも貢献したい」という世界をイメージできました。

ビジョンマップとは何か？

ビジョンマップとは、「自分たちがつくりたい未来の風景」を一枚の絵に表したものです。そして、自分たちの社会的役割や活動方針、さらには活動の内容などの文字が配置され、一枚の中に理念・方針・施策の情報が凝縮されている成果物でもあります（図４－２）。

ビジョンマップでは、どのような未来をつくっていきたいのか、どのような活動をしていこうとしているのか、どのように社会に貢献したいと思っているのか、といった組織やチームの目指している

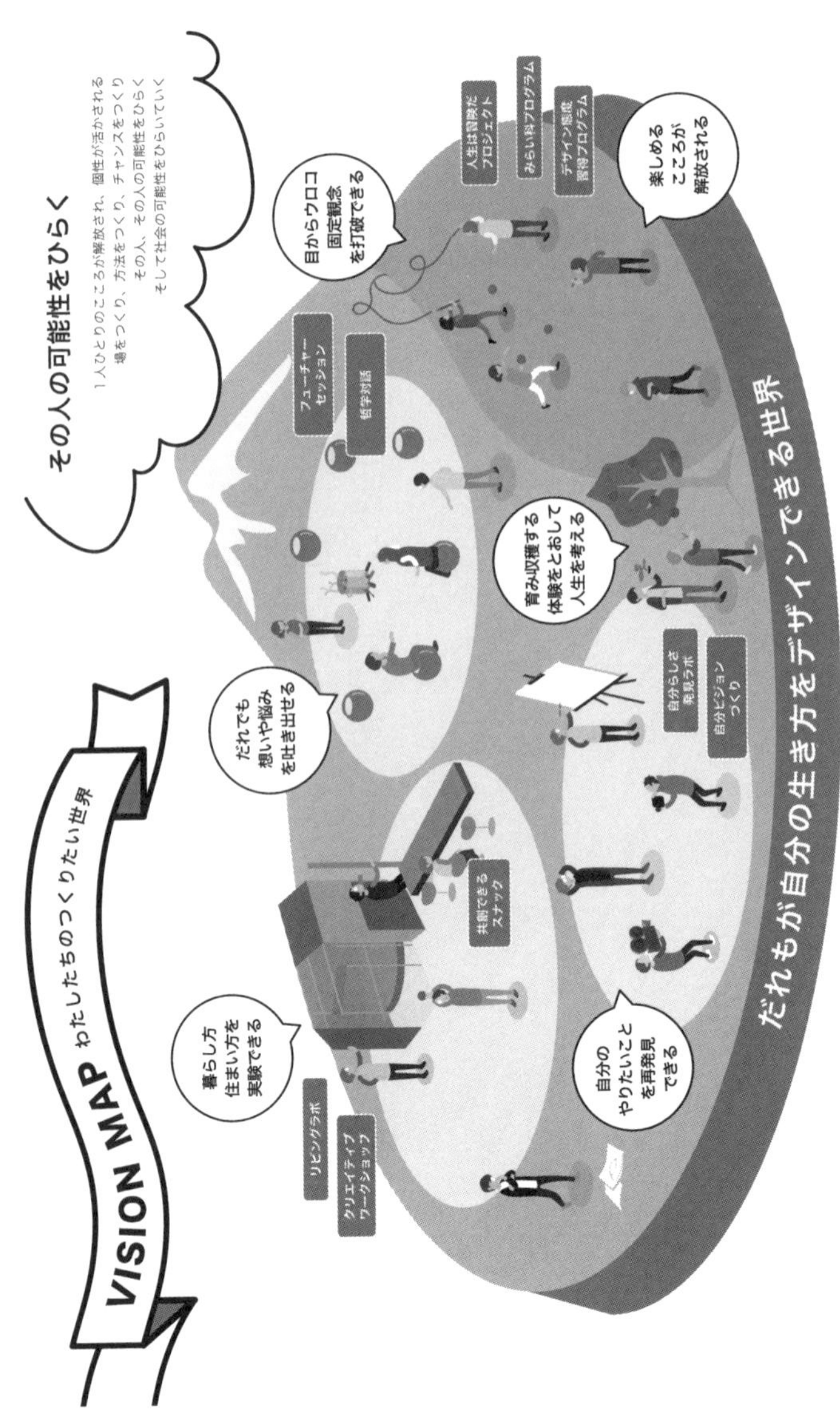

■ 図4-2　ビジョンマップの一例

自分たちが つくり出したい（貢献したい） **未来の社会像**	・自分たちがつくり出したい、貢献したい、と思う未来像を絵（街、生活シーンなど） ・この未来で起こっていることを説明した文章 ・この未来の社会像を一言で表すタグライン
これからの社会に対する **自分たちの役割**	・自分たちの理想的なあり方を示す文章 ・この未来をつくる姿勢や決意 （スローガン、ミッション・ステートメント）
この未来のために必要な **自分たちらしさ**	・この未来の社会で活かせる特性（キーワード） ・この未来をつくる姿勢や決意 （スローガン、ミッション・ステートメント） ・共有しておきたい背景や歴史のキーワード
この未来のために必要な **活動やプロジェクト**	・具体的な活動内容、事業内容、プロジェクト名 ・活用するナレッジやリソース、道具 ・共創するパートナー、必要なスキル

■ 図4-3　ビジョンマップの標準的な構成要素

ことが一目瞭然となります。

類似のものとして、自分たちの活動のゴールや目標そのものをイラスト化する手法もありますが、これはビジョンマップではありません。活動の目標が達成された後、その先に見えてくる風景、つまりその活動によってもたらされる生活や社会が描かれたのがビジョンマップです（図4－3）。

さまざまな活動が柔軟に変化したり、ゴールそのものが進化していくことがあっても、ビジョンマップの上でなら、それらをとらえ進化させていくことができます。

ビジョンマップの効果

共感し合える文化づくりへ

世界的な消費財メーカーでビジョンづくりのワークショップをやったときのことです。7つの部署からなる、営業本部全体のビジョンを一枚の絵にすることになりました。この組織では、自分たちの社会にとっての役割や、どのような未来をつくりたいかというビジョンは、すでに明確になっていました。

しかし、活動拠点は世界各地にあり、互いに何をやっているのかを把握しておらず、それぞれの連携がしにくい状態でした。そこで、チームのあり方を明確にするためのビジョンマップをつくることにしました。世界から主要メンバーが集まり、それぞれの部署が担っている役割と活動内容が、ビジョンに対してどのように貢献しているのかを一枚の絵に描いていく、共創のワークショップを行いました。

結果として描いたビジョンマップは、7つの部署を象徴する、7種類のこびとたちが、連携しながら大木に葉をしげらせ、豊かな実をつけていく、抽象的な風景画となりました。そして、ばらばらになっていた自分たちのビジョンが一枚に統合されていきました。

もともと言葉で表現されていた「ビジョンステートメント」は言葉の細かい表現が重視され、変更が困難でした。それを一枚の絵にすることで、はじめて7つの部署が同じ世界の中に統合されたのです。

参加者はそのビジョンマップを見ながら「私はここにいるよ」「ここで、虫眼鏡を使ってるのは私だよ」などと、絵の中に自分を見出していきました。その姿はとても誇らしそうに見えました。それぞれが連携しビジョンに貢献している姿が描かれていたからかもしれません。

ビジョンマップでは、未来の風景を見えるようにするだけでなく、この絵の中に自分を投影したり、互いの活動がどのように影響し合っているのかを明確にする効果もあります。

自分たちだけで構想をまとめ共有するだけであれば、わざわざ絵で表現する必要はないかもしれません。しかし、多くの人と共有し、ビジョンに賛同する人を集めたり、わかりやすく伝わりやすくするためには、絵を用いることが最善の方法なのです。

図4－4を見てください。左は三角形と四角形だけが重なった図形で、右は輪郭は似ていますが複雑な構造をしています。それぞれの図形を絵に描かずに言葉だけで人に伝える実験をしたところ、左

■ 図4-4　定形からなるものと異形からなるもの

の図はいとも簡単に伝えられ、相手も理解できるのに対し、右の図はほとんどの人が正確には伝えることができず、相手もどのような図形かまったく想像ができませんでした。

「絵にしたら一発で伝わるのに、言葉だと難しい！」「絵に描いて見せるって、こういう目的があったのか！」という声がありました。実際、右の図をそのまま絵に描いて伝えるならば、こんなに簡単なことはありません。

言葉で共通のイメージを伝えるには限界があります。複雑な状況、見たことのないものなどを伝えるには、視覚に訴えることが効果的なのです。

未来の風景を描き出す方法

それでは、ビジョンマップをつくる方法を紹介します。ここでは、ステップ1~3で検討してきた内容をもとに、自分たちでつくりたい未来の風景を描いていきます。

ここまで順を追って検討してきた方は、手元に複数の「自分たちの役割」「未来の社会像」「自分たちの役割」が見えている状態だと思います。これらの内容に対して関係性を考えたり、意識的に優先度をつけたりして、一枚の絵の中に取り入れる内容を選別またはブラッシュアップして活用します。

ここで、少し似ている言葉があるので整理しましょう。「未来の社会像」と「未来の風景」の違いについてです。ステップ2で検討してきた「未来の社会像」は、未来の社会について視野を広げるために描き出したイメージです。さまざまなものがありますが、イメージしたすべての社会像が理想的だとはいえないでしょう。「未来の社会像」は「未来の風景」を考えるための一つの時代設定ととらえてください。

「未来の社会像」を土台として、その社会的背景の中にさまざまな人の生活や自分たちの活動などをプロットしていったものが、理想的な「未来の風景」、すなわち一枚のビジョンマップとなります。
ビジョンマップは、これまで考えてきた情報を俯瞰してとらえ直し、連結してつくっていきます。少し難易度の高い作業になるかもしれませんが、新しい未来の姿を描き出すための大事な過程です。論理的思考と感性的思考の両方を活用するので、論理的に考えるのが得意な人やビジュアルを用いて表現するのが得意な人などさまざまな人とチームを組んで進めてください。

ここからは4つの手順について解説をしていきます。

ステップ4−1A　理想的な姿の構造をとらえる
ステップ4−1B　理想的な姿を抽象的にイメージする
ステップ4−2　未来の風景の構図を決める
ステップ4−3　ビジョンマップを描き出す

ステップ4−1Aと4−1Bでは、自分たちの「つくりたい未来の風景」とはどのようなものか、関係性や意義に注目して考えます。構造的に考えるケースと抽象的に考えるケースの2つをご紹介しますが、いずれも言葉だけでは解き明かせない曖昧な位置関係や意味合いを拾い上げることができます。それぞれ、論理的思考が得意な人向けと、感性的思考が得意な人向けの内容です。
筆者のおすすめは2種類とも実施することなのですが、慣れないうちは時間がかかりすぎてしまうので、やりやすい方を選んで取り組んでください。ステップ4－2ではそれらの内容を用いて、風景画ともいえるビジョンマップの構図を決め、ステップ4－3でビジョンマップを描き出します。

ステップ4-1A

理想的な姿の構造をとらえる

ビジョンマップをつくるために、「つくりたい未来の風景」と「自分たちの役割」の構造や関係性について仮説を構築します。さまざまな要素がどのように関係し合っているのか、影響を及ぼし合っているのか、そのカタチを関係図をつくりながら自分たちの理想とする「自分たちと社会の関係性」のカタチを探ります。

ものごとの関係性には、影響、包含、相反、隣接など、さまざまなカタチが存在します。それらは、四角形と矢印で図示できます。矢印の向きや矢印の配置は、それぞれの要素の影響を示すと同時に、全体で見たときの起点と終点を明らかにします。循環するしくみになっているかどうかも確認できます。

さらに、2つの関係図をつくり、それらを比較することで、理想的な関係性を深く考え見つけ出すことができます。自分たちにとっての理想の姿がより明確になっていくでしょう。

ここで検討したものは、この後のステップ4－3で未来の風景の構図をつくるための材料となります。

なお、このステップ4－1Aは、論理的思考が得意な人におすすめの方法です。大人数で合意形成をしながら進めたい場合に効果を発揮します。情報分析や構造化を苦手とする方や、子どもたちと一緒にビジョンをつくったりする場合は、ステップ4－1Bを行ってください。また、スピード感をもって少人数で進めたい場合やアウトプットを急ぐ場合は、このステップは飛ばして次のステップ4－2を行いましょう。

理想的な姿の構造をとらえる方法

①つくりたい未来に必要な要素を付箋紙に書き出す

「自分たちの役割」として挙がっている情報を中心に、「つくりたい未来の風景」に必要な要素を付箋紙に書き写していきます。付箋紙の数は10～30くらいあると、次のステップで読み解きやすくなります。

②付箋紙の内容を読み解き、関係性を図式化する

付箋紙を模造紙の上に広げ、内容の近いものを寄せて配置しながら、それぞれの関係性を読み解いていきます。似ているものをグループ化したり、関係性が見られる場所には矢印を書き入れたりして、全体の要素がどのような影響を及ぼし合っているのかを読み解きます。ＫＪ法といわれる質的分析方法のやり方に近いかもしれません。個々の関係性が見えてきたら、全体としてより

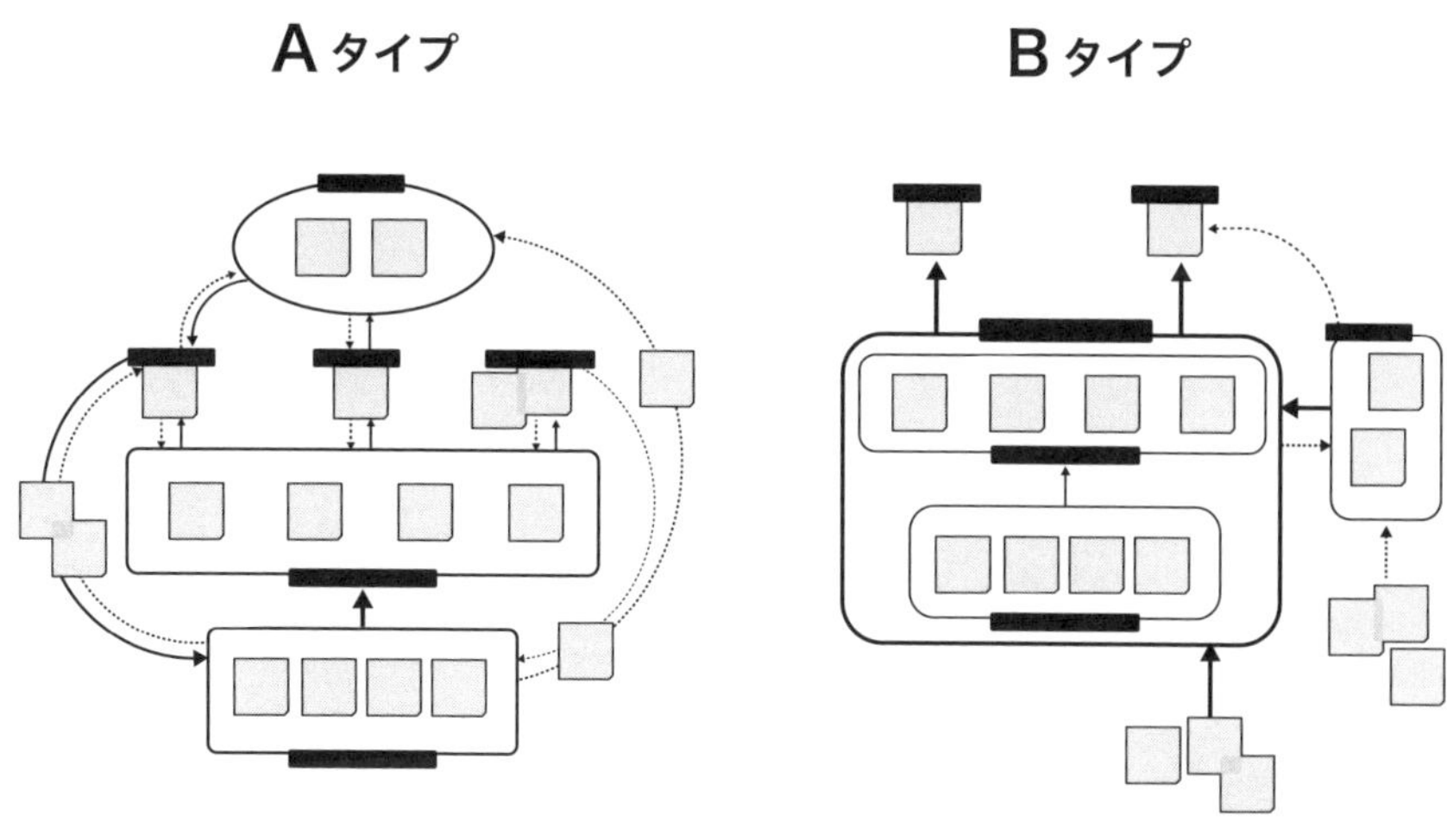

■ 図 4-5　同じ内容の付箋紙からつくられた2つの関係図

シンプルな構造になるように、配置や矢印の書き方を整えましょう。

③どんな関係性になっているのか仮説を2つ立てる（図4―5）

先ほどつくった構造化は、写真を撮ったら一旦ばらして、もう一度付箋紙を並べ直していきます。別の構造が存在していないかを探索するためです。できるだけ違う構造の仮説を立て、それぞれの仮説をもとに、議論を展開していくことを狙います。

④構造を見ながら、自分たちが優先するものは何か対話する

ビジョン検討チーム全体で2つの仮説を共有し、自分たちにとっての理想的な姿はどのようなカタチなのかを「Aの方が循環していきそうだから理想的だ」「Bの方が成果をこの世に打ち出せそうだ」という風に議論します。こうして対話をするうちに、「どちらかといえばこちらが大事」「重要なのはここの関係性だ」など、自分たちにとって大事なことが見えてきます。

ステップ4-1B

理想的な姿を抽象的にイメージする

ビジョンマップをつくるために、「つくりたい未来の風景」の世界観について、抽象画アートで感覚的にとらえる方法です。世界観は、雰囲気や印象といった感覚的な要素が多く、言葉だけでは表すことが困難です。そこで、感覚的な内容をとらえて研ぎ澄ましていくために抽象画を用います。

これからつくりたい未来の風景が、自分たちにとってどのような意味をもつのか、どのように影響を及ぼし合っているのかを色や模様やメタファーなど、絵の抽象的な表現を活用して表し、考えます（図4－6）。それらをビジョン検討チームで見せ合いながら、自分たちにとって重要な「自分たちの役割」の状態について、解釈を深めていきます。

ステップ4－1Bは、感性的思考を活用したい人向けの方法で、大人数で合意形成をしながら進め

■ 図 4-6　抽象画アートのアウトプット例

たい場合に有効です。スピード感をもって少人数で進めたい場合やアウトプットを急ぐ場合は、次のステップ4－2に移ってください。

理想的な姿を抽象的にイメージする方法

①発見した「自分たちの役割」から、自分がもっとも推し進めたいと思うものを一つ選ぶ

②抽象画アートのワークシートを用いて、選んだ「自分たちの役割」のイメージをふくらませる

- その「自分たちの役割」の状態を何かにたとえるなら、どんなものになりますか？
- その状態を表すなら、どんな色や形、模様で表現したいですか？
- たとえたもの、色、形や模様を用い自由に表

理想的な自分たちの社会や周囲とのかかわり方

自分たちが、未来の社会で大活躍をしていると想定した場合
自分たちは、未来の社会に対して
どのような状態でかかわっていると思いますか？

世界中の地域の中に入り
そこで一緒に生活するように
ライフスタイルについて考えている

▼
状態を表すキーワード

その状態を３つくらいのキーワードで表すと？

とけこむように
多拠点連携
考える細胞

▼
状態を表す模様や形

その状態を抽象的な模様や形で表すと？

■ 図 4-7　抽象画アートのワークシート記入例

現しましょう

③選んだ「自分たちの役割」を一枚の抽象画に描く（図４−７）
・色を用いて、白い紙に自由に表現してみましょう
・自分ならではの表現をしましょう

④ビジョン検討チーム全体で抽象画を共有し、自分たちの役割を果たすときに、どのような状態が理想なのか、優先するものは何かを対話する
・絵を見せて質問し合い、語り合うことで、それぞれが大事にしていることの背景を共有していきましょう

・自分たちの組織やチームにとって、重要なことは何かを語り合えるようになりましょう

ステップ4-2

未来の風景の構図を決める

ステップ4－2では、ビジョンマップの内容と構図を決めます。描き出す風景には、さまざまな選択肢が存在しています。未来の街？　未来の会社？　未来の地球？　さらに、どこから見えた風景なのか？　どのような描き方なのか？　その構図によっても見え方は大きく変わります。

「何を一番見せたいのか？」によって、その絵の舞台や描くモノなどが変わってきます。自分たちが考えてきたことを多くの人に楽しんで見てもらえるように、工夫をこらしましょう。

といっても、「絵の構図なんて考えたこともないよ」という方も多いことでしょう。ここでは、使いやすいように15の型を紹介しますので、自分たちの状況にマッチしそうなもの、描いてみたいと思うものを選んでみましょう。そして、それをベースに少しずつ描きたいように調整していきましょう。

まずは、15の型を2つの傾向に分けてご紹介します。

世界観をもち、共感してもらいやすいビジョンマップの構図は次の8つです。

■ 図4-8　タウンプレート

•タウンプレート

未来の風景を、お皿の上の街の姿にたとえて描くビジョンマップ（図4－8）。山や海などの自然物や、建物や乗り物などの人工物などを通して、未来の人の生活を俯瞰して表現できます。

構成要素：これからの社会に対する自分たちの役割（文章）、つくりたい未来の姿（街のような絵／簡潔に表現した言葉）、この未来で起こっていること（絵の解説）、このために必要な活動（活動の概要、プロジェクト名など）

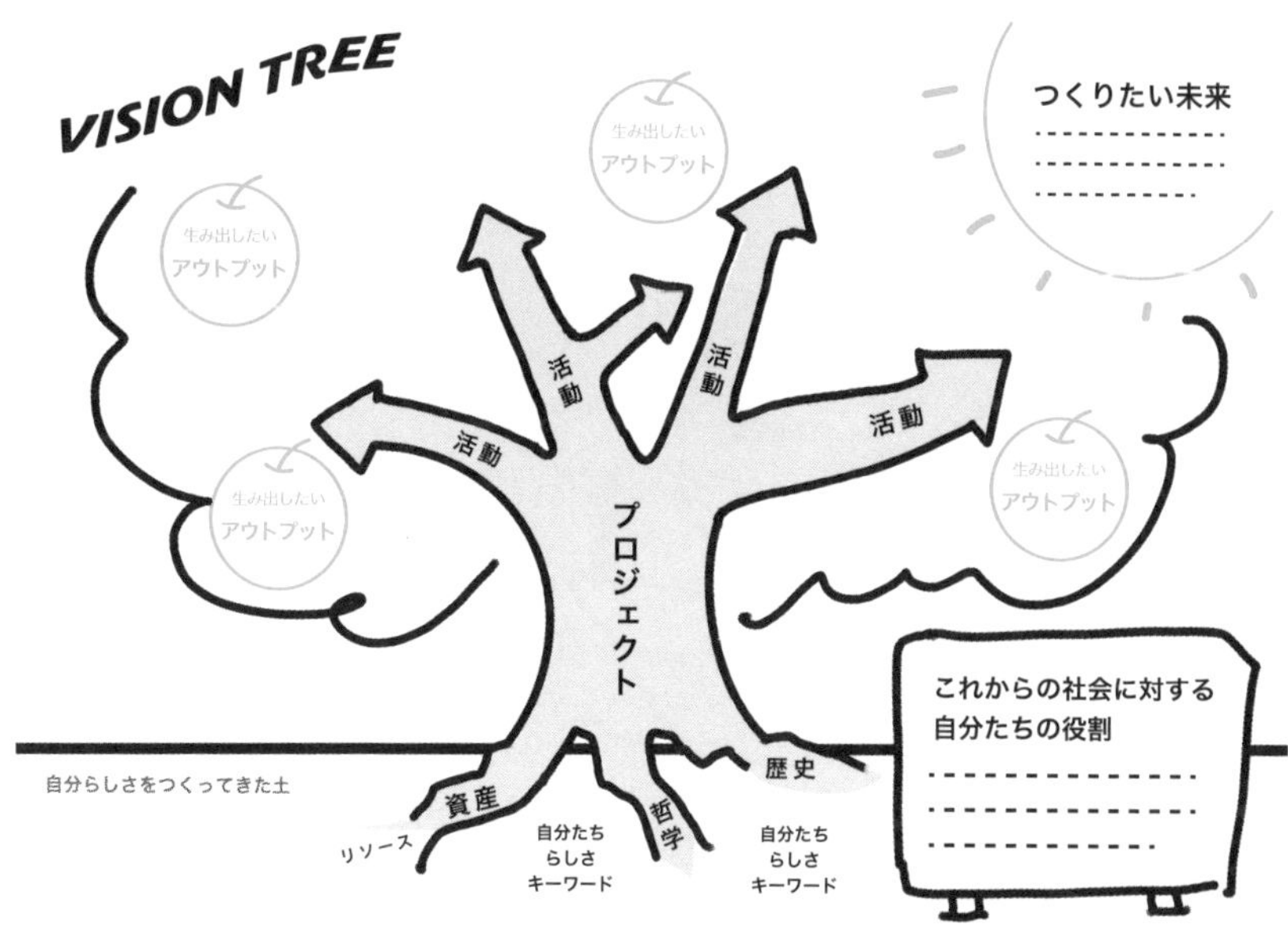

■ 図4-9　ビジョンツリー

• ビジョンツリー

組織やプロジェクトなどを一つの大きな木にたとえたビジョンマップ（図4－9）。土壌には自分たちらしさを形成している歴史、哲学、資産（リソース）などを配置し、根をはっているさまを描きます。幹は活動単位で分岐し、そこから葉や実をつけます。木の状態や木をとりまくモノの表現で、組織の理想的な状態を表現することができます。

構成要素：これからの社会に対する自分たちの役割（文章）、つくりたい未来の姿（文章）、このために必要な活動、自分たちらしさ（キーワード）、プロジェクト活動、生み出したいアウトプット

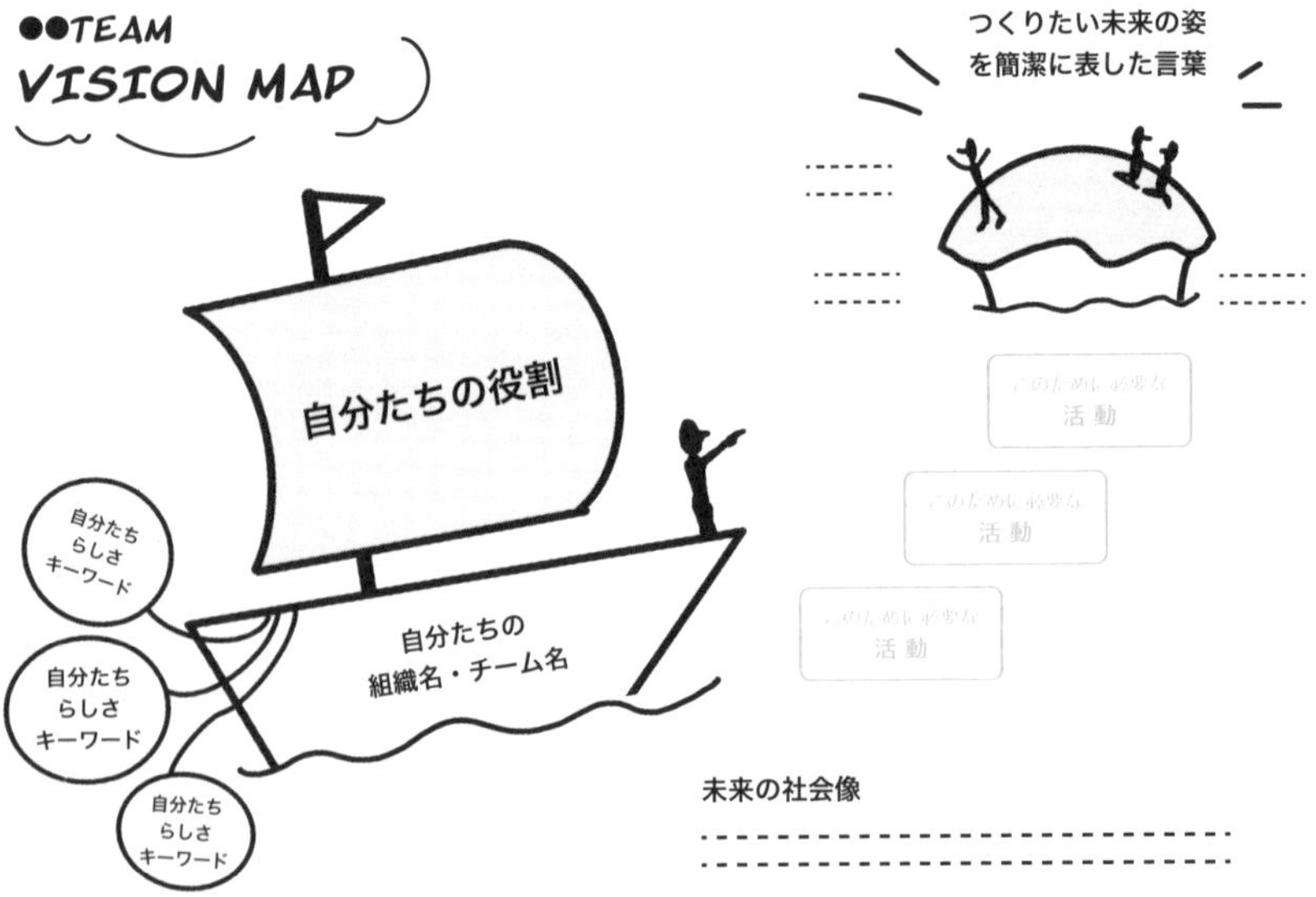

図4-10　パーパスシップ

・パーパスシップ

自分たちの役割を掲げて航海する船の姿を描いたビジョンマップ（図4－10）。行先にはつくりたい未来の姿を現した島、環境を表す海には未来の社会像を記述します。同じ理念をもって活動している船を探しながら、ともに未来をつくっていく姿が見えてきます。

構成要素：自分たちの役割（簡潔に表現した言葉）、つくりたい未来の姿（簡潔に表現した言葉／特徴的な内容のキーワード）、このために必要な活動、自分たちらしさ（3つ程度のキーワード）、未来の社会像（文章）

■ 図4-11　フューチャーピクチャー

・フューチャーピクチャー

つくりたい未来のワンシーンを想定し、写真のように描き出すビジョンマップ（図4－11）。いつどこで撮影されたものなのかを想定して記入します。一枚だけでなく、代表的なシーンを複数描くとよいでしょう。プロダクトやサービスのビジョンを明確にしたい場合に有効です。

構成要素：これからの社会に対する自分たちの役割（文章）、つくりたい未来の姿（簡潔に表現した言葉）、この未来で起こっていること（絵の解説）、このために必要な活動（活動の概要、プロジェクト名など）

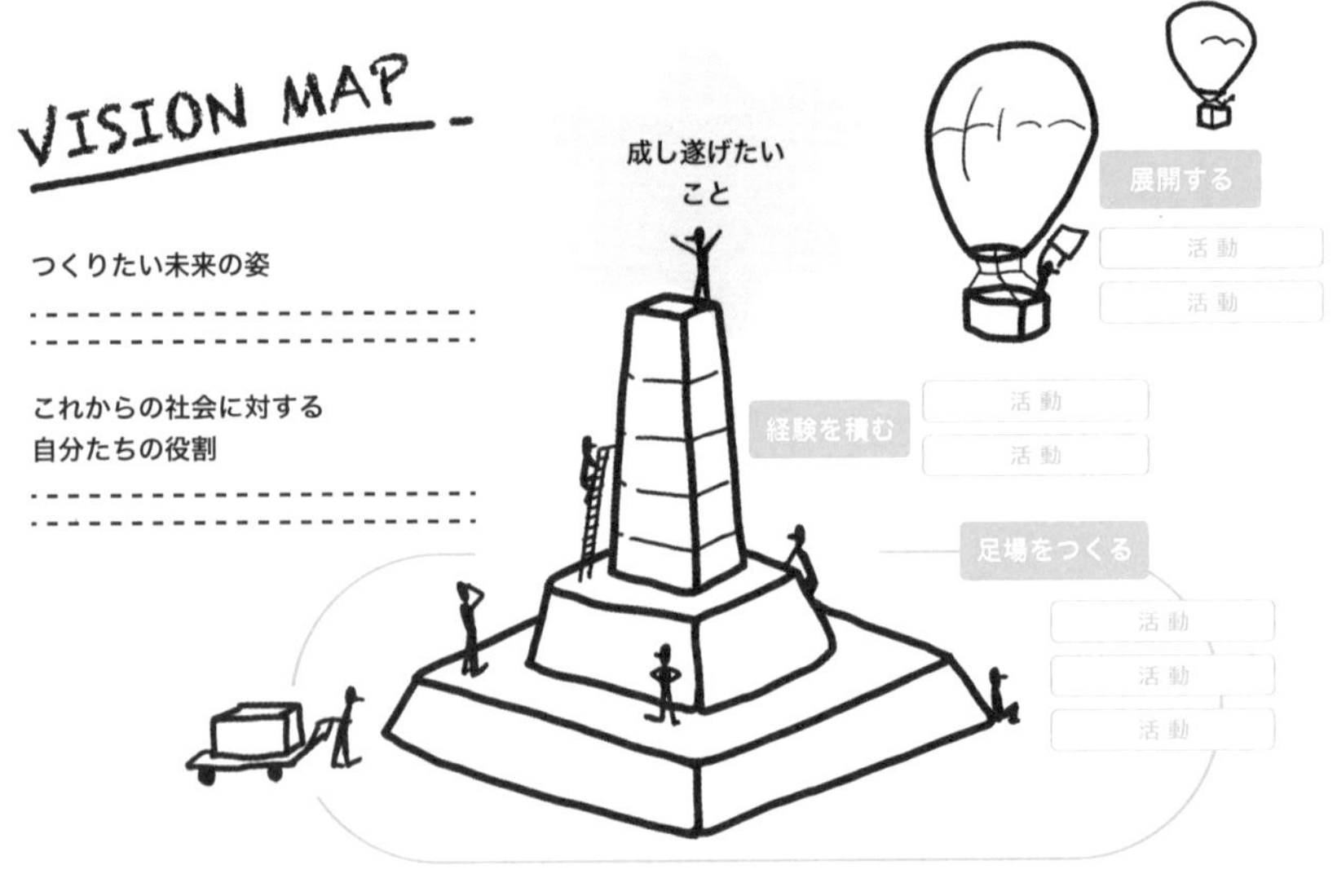

図4-12　文化の塔

・文化の塔

文化づくりや組織変革の文脈で活用できる、積み上げ式のビジョンマップ（図4－12）。足場をつくり経験を積みながら高所へ登り、成し遂げたいことを達成します。その後気球にのって、活動を別世界へ展開するストーリーがあります。無形である文化創造において、塔を積み上げながらつくるというメタファーが、活動内容をわかりやすくしてくれます。

構成要素：これからの社会に対する自分たちの役割（文章）、つくりたい未来の姿（文章）、成し遂げたいこと、３つのフェーズにおける活動内容

■ 図4-13　鳥観図

●鳥瞰図

さまざまな活動や役割を、一つの大地の上の植物や建物としてとらえ、風景画のように表現するビジョンマップ（図4－13）。さまざまな要素を同じレイヤーで扱い見比べることができます。

構成要素：これからの社会に対する自分たちの役割（文章）、つくりたい未来の姿（簡潔に表現した言葉）、エリア特性別未来の社会像（特徴的なキーワード）、活動

図4-14　ビジョンブリッジ

●ビジョンブリッジ

つくりたい未来に対して自分たちがどのようにアプローチするのか全体像を表現するビジョンマップ（図4－14）。プロダクトやサービスのビジョンを明確にしたい場合に有効です。

構成要素：これからの社会に対する自分たちの役割（文章）、つくりたい未来の姿（簡潔に表現した言葉／キーワード）、このために必要な活動（活動の概要、プロジェクト名など）

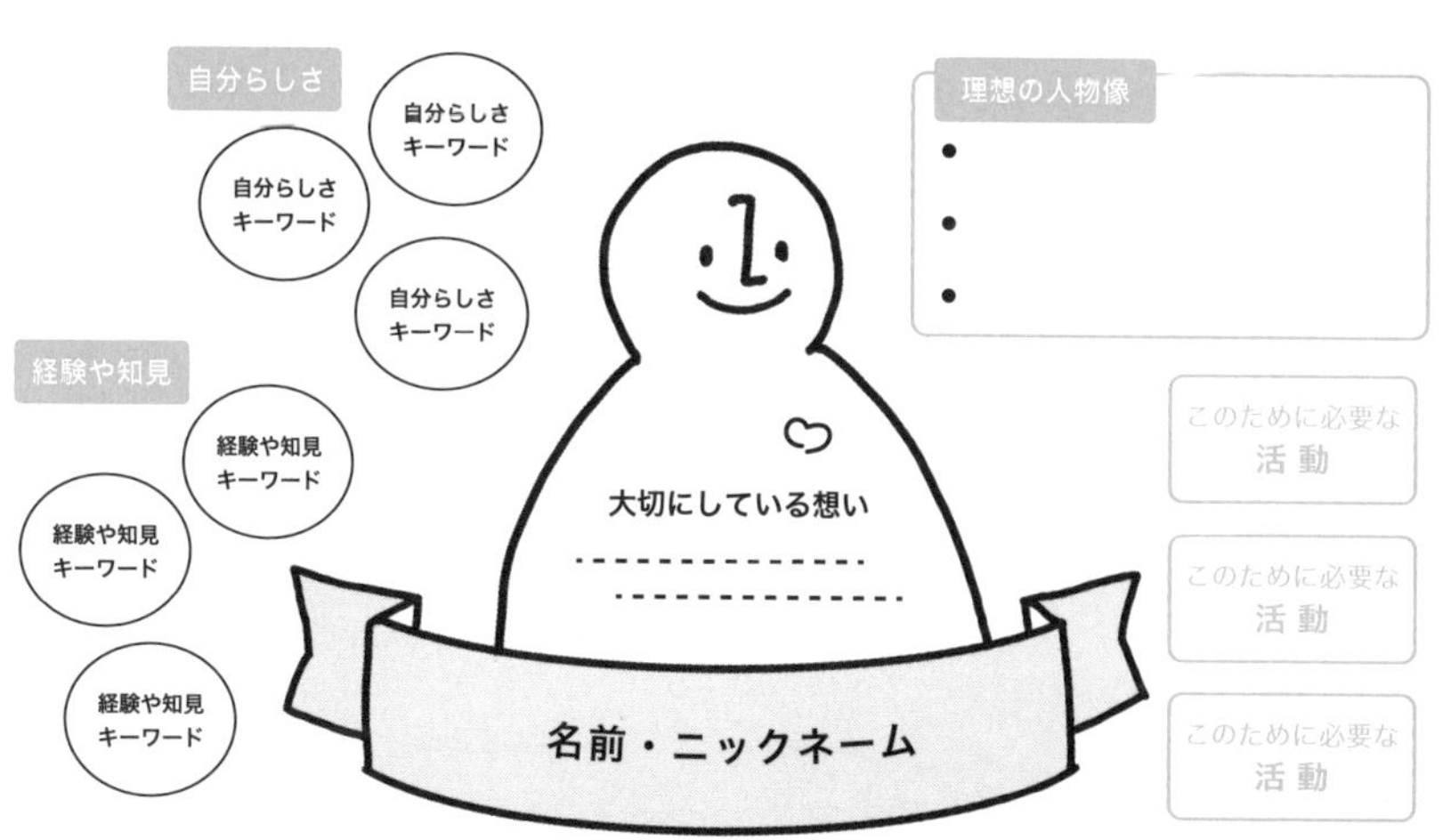

■ 図4-15　パーソナルビジョン

・パーソナルビジョン

個人のビジョンをまとめるためのビジョンマップ（図4－15）。自分の過去の経験や知見を明らかにしたうえで、これからどのような人物になっていきたいのかを明確にします。自分の気持ちや感情に対して棚卸しをするように内省することで、ビジョンを定期的に更新することができます。

構成要素：未来の自分が担える社会的役割（文章）、自分らしさ（キーワード）、経験や知見（キーワード）、理想の人物像、大切にしている想い、名前・ニックネーム、このために必要な活動

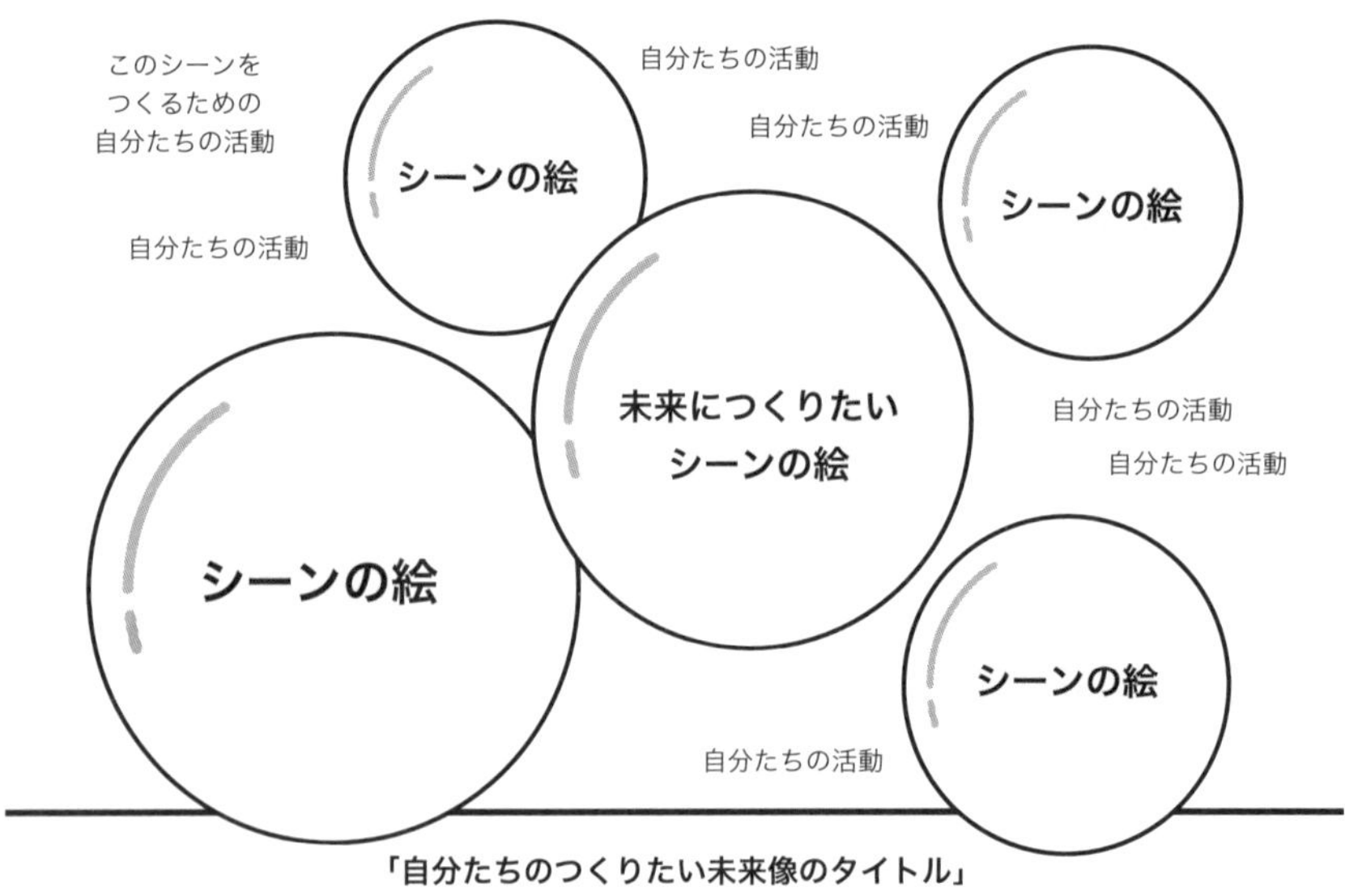

図4-16　フューチャーバブル

世界観をもたず、内容のわかりやすさに注力したビジョンマップの構図は次の7つです。

•フューチャーバブル

未来の社会で実現したい、いくつかのシーンを一度に見せる方法（図4－16）。象徴的なシーンを、円の中に描きます。自分たちがつくりたい社会の姿や、プロダクトやサービスの影響を伝えやすくなります。

構成要素：未来につくりたいシーン（絵）、自分たちの活動（キーワード）、自分たちのつくりたい未来像のタイトル

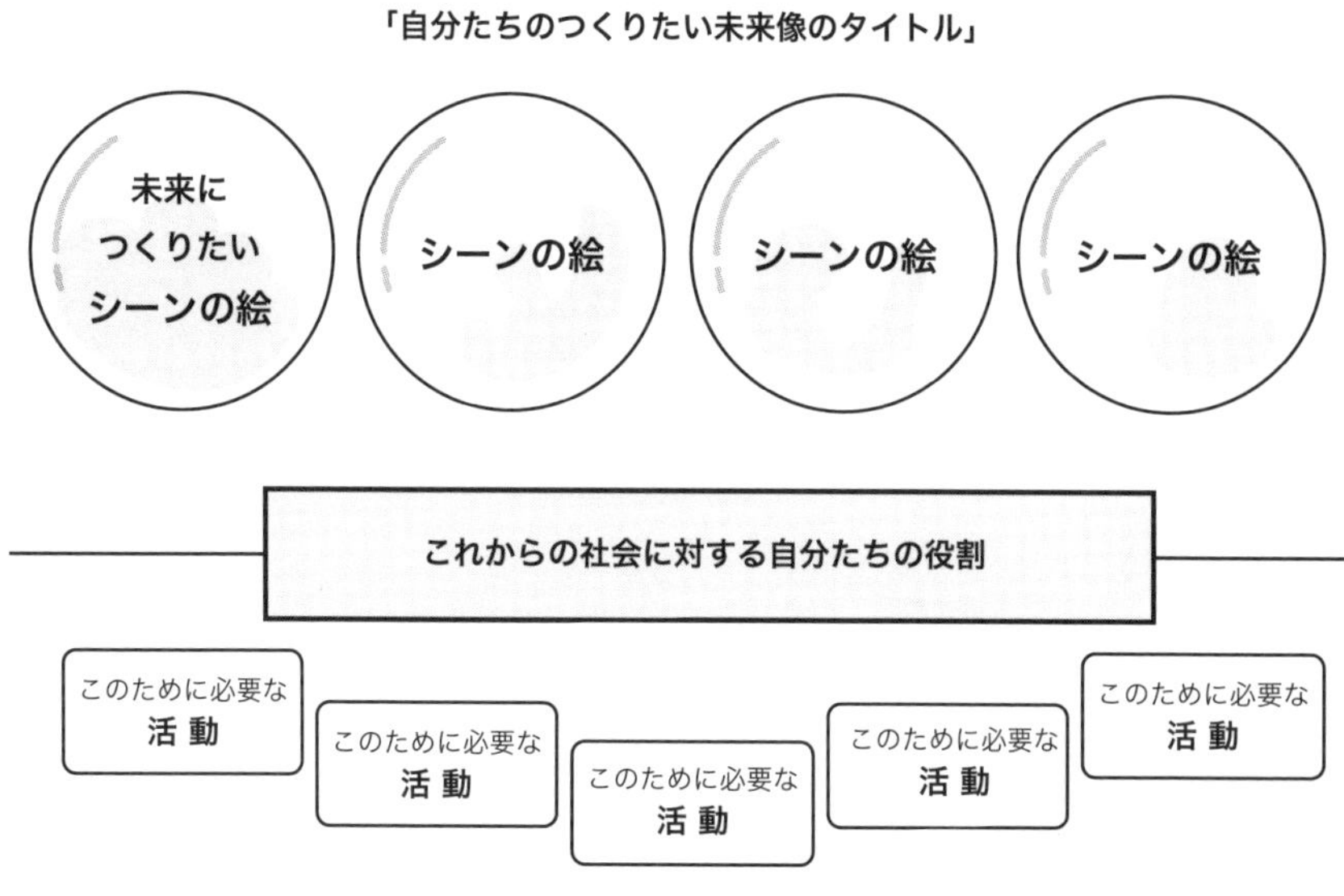

図4-17　バブル創出モデル

●バブル創出モデル

未来の社会で実現したい、いくつかのシーンを円の中に描き、それらをつくっている自分たちの仕組みを表します（図4－17）。自分たちがつくりたい社会の姿や、プロダクトやサービスの効果が伝えやすくなります。

構成要素：未来につくりたいシーン（絵）、このために必要な活動（キーワード）、自分たちのつくりたい未来像のタイトル、これからの社会に対する自分たちの役割（簡潔な文章）

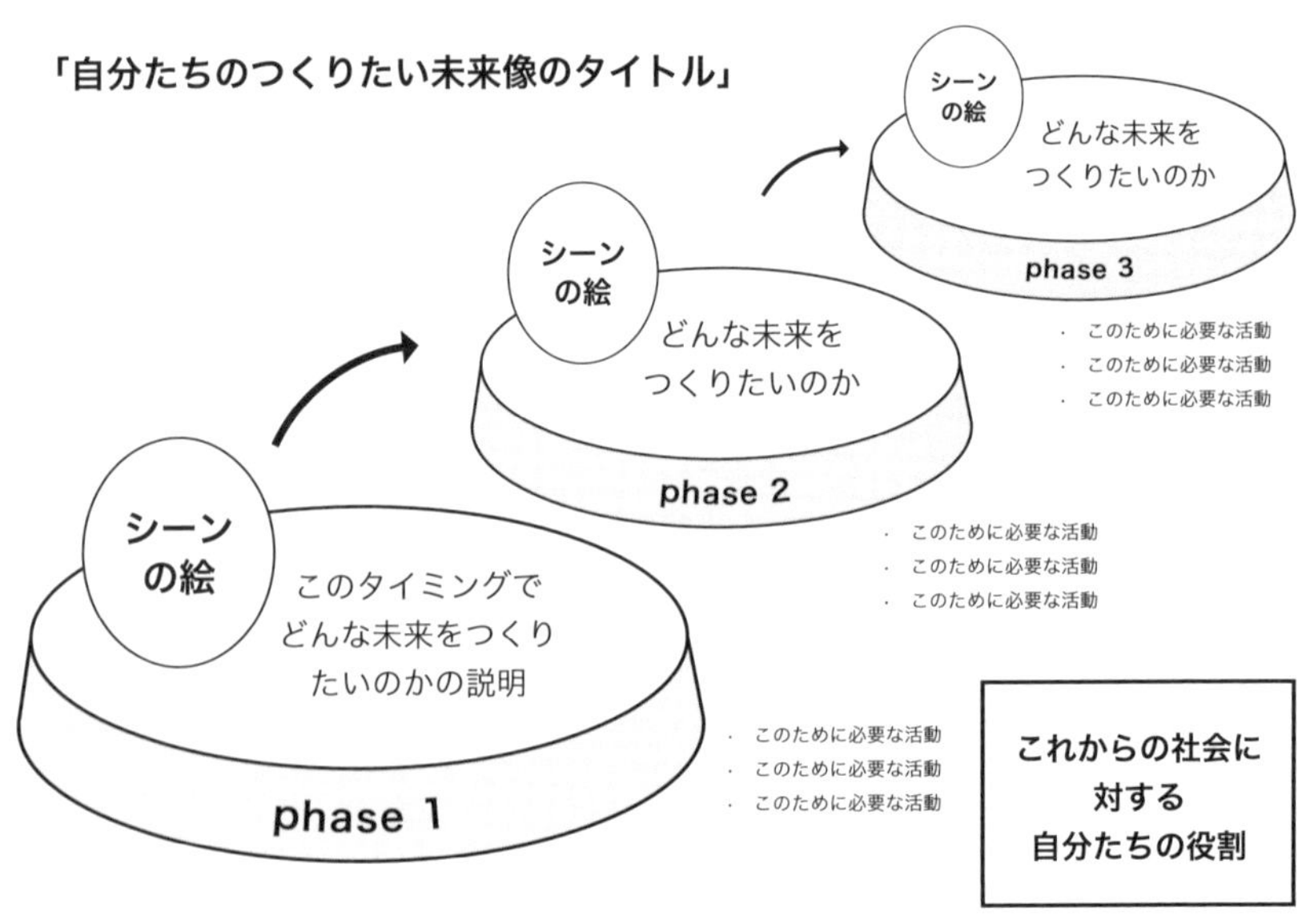

図4-18　ロードマップモデル

•ロードマップモデル

工程を3〜4つ程度に分割し、それぞれを島のカタチで表現し、時系列に並べたもの（図4－18）。活動の進め方と変化の様相を視覚的にとらえやすくなります。

構成要素：どんな未来をつくりたいのか（簡潔な文章）、未来につくりたいシーン（絵）、このために必要な活動（キーワード）、自分たちのつくりたい未来像のタイトル、これからの社会に対する自分たちの役割（簡潔な文章）

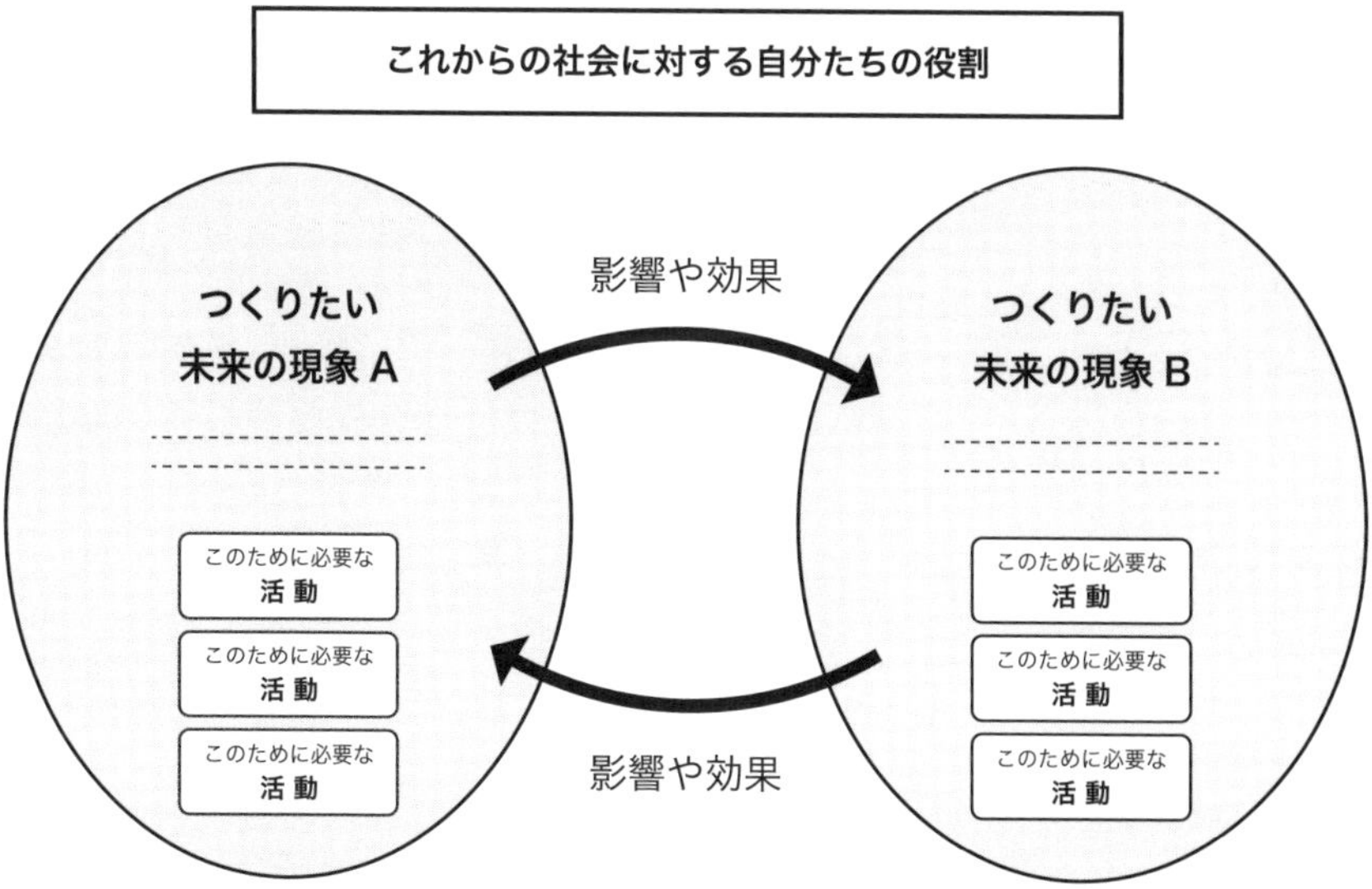

これからの社会に対する自分たちの役割

つくりたい
未来の現象 A

このために必要な
活動

このために必要な
活動

このために必要な
活動

影響や効果

影響や効果

つくりたい
未来の現象 B

このために必要な
活動

このために必要な
活動

このために必要な
活動

■ 図4-19　シナジーモデル

・シナジーモデル

左右に2つの活動方針を示し、それらにより全体の価値の循環が起こっている様子を示す図（図4－19）。活動内容よりもその効果や意義を説明しやすい特徴があります。2つの活動がシナジー効果をもっている場合にのみ利用できます。

構成要素：つくりたい未来の現象A／B（キーワード／簡潔な文章）、このために必要な活動（キーワード）、これからの社会に対する自分たちの役割（簡潔な文章）、つくりたい未来の現象それぞれの影響や効果

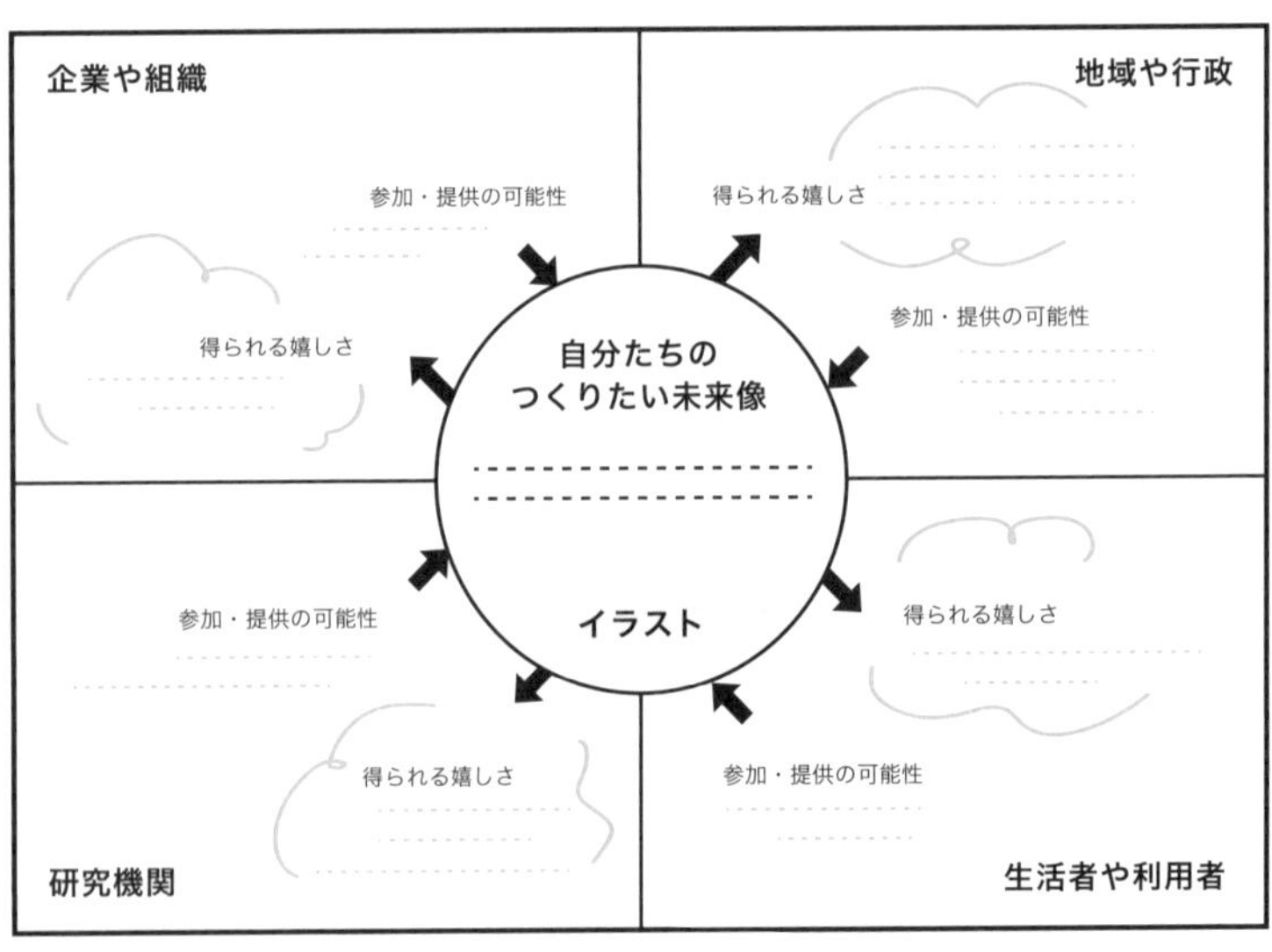

図4-20　ビジョン共創モデル

・ビジョン共創モデル

自分たちの考える未来像に対し、企業や組織、地域や行政、研究機関、生活者や利用者がどのような関係性をもちうるのかを整理する図（図4－20）。ステークホルダーの状況をとらえやすく、共創における戦略が立てやすくなります。

構成要素：自分たちのつくりたい未来像（簡潔な文章／簡易イラスト）、未来像によって得られる嬉しさ、未来像に対して各セクションからの参加・提供の可能性

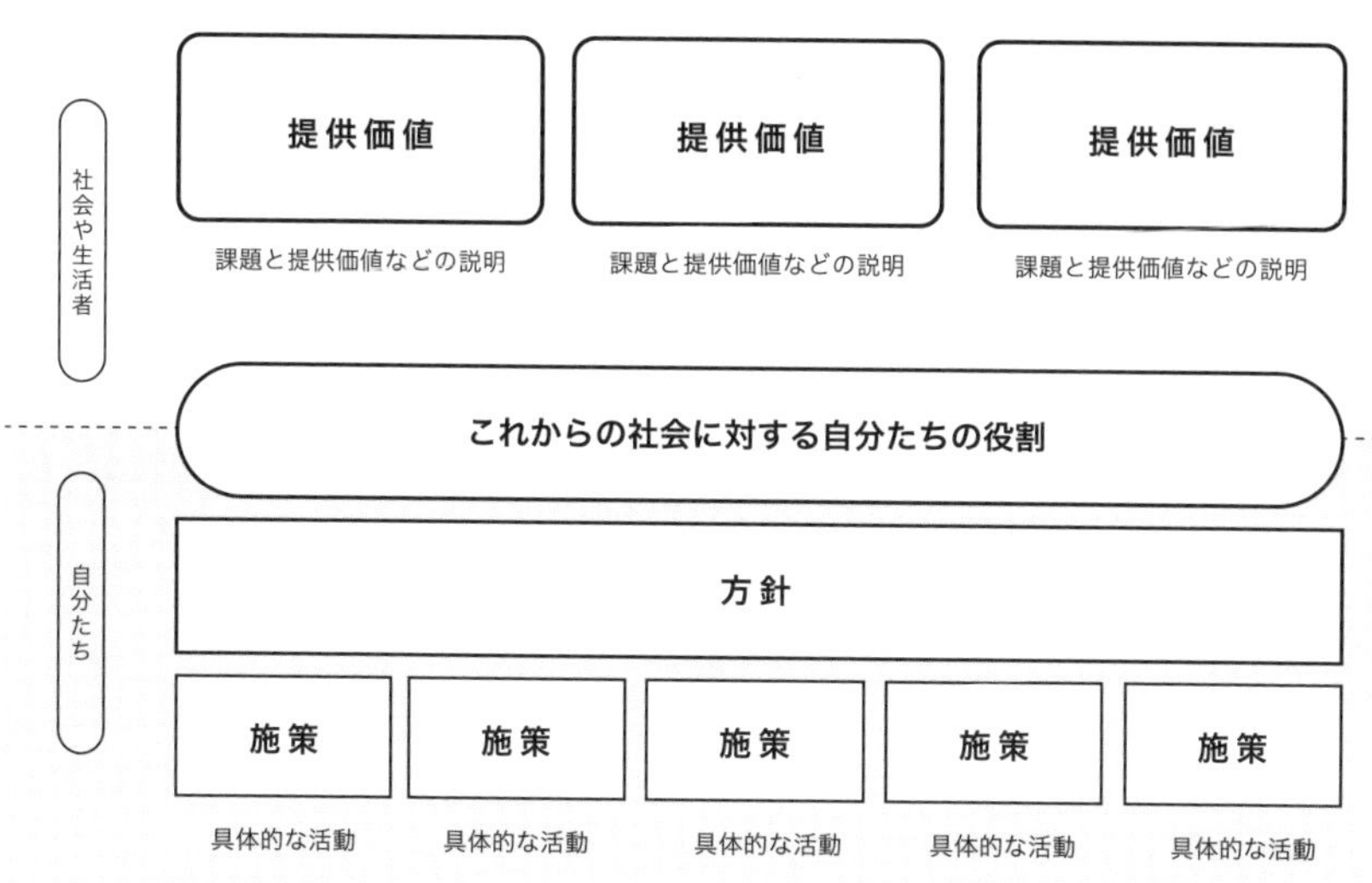

図4-21　地層モデル

●地層モデル

下半分を自分たちの活動に関する内容、上半分を自分たちの活動の結果社会や生活者にもたらしていくもの、という構成で地層のように文章を配置する図（図4－21）。活動全体を俯瞰しやすく、やることと意義を把握しやすくなります。

構成要素：これからの社会に対する自分たちの役割（簡潔な文章）、方針（簡潔な文章）、施策（キーワード）、具体的な活動（キーワード）、社会や生活者への提供価値（キーワード）、課題と提供価値（簡潔な文章）

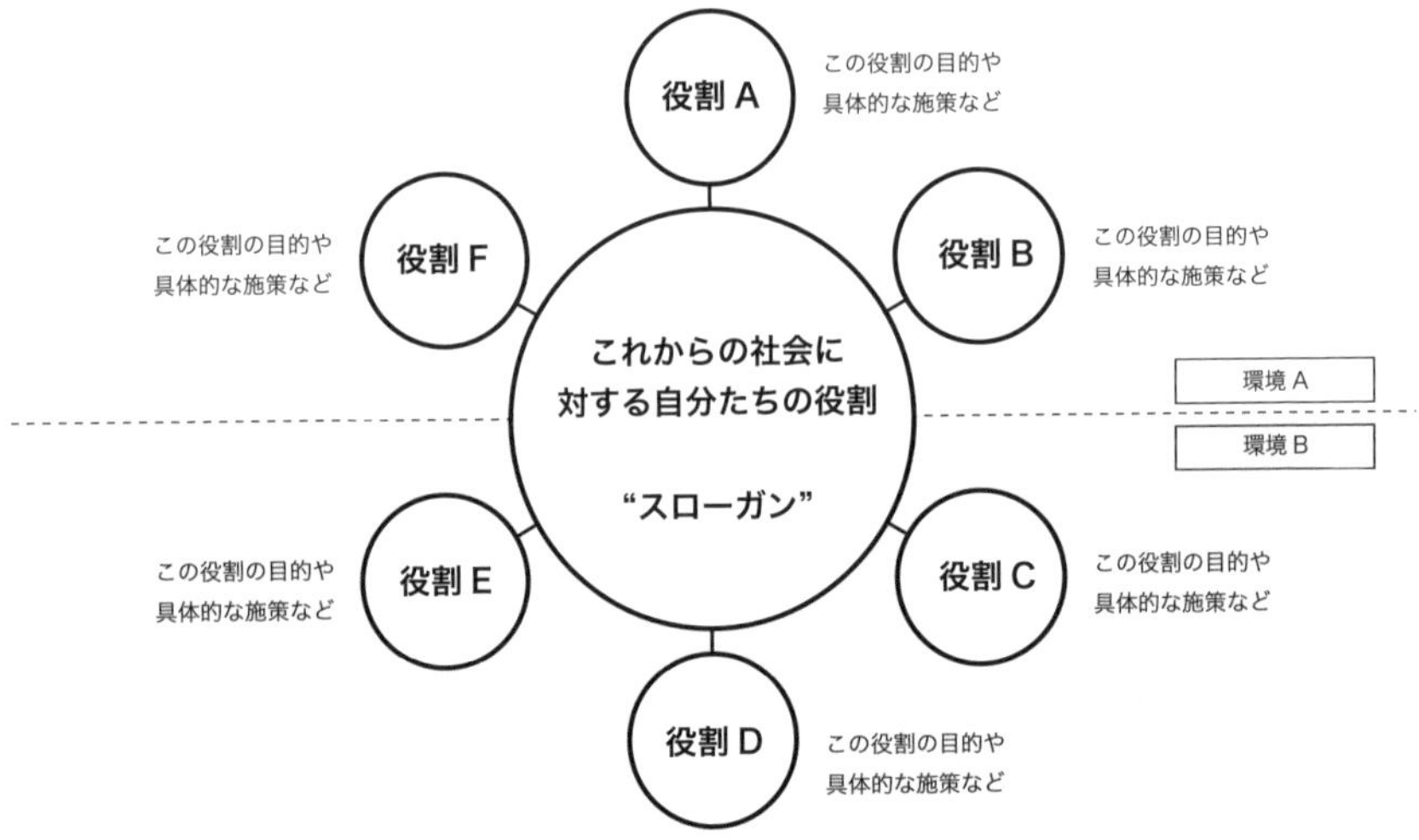

■ 図4-22　フラワーモデル

●フラワーモデル

自分たちの役割を中心に、その内容を6つ選び出して表現した図（図4－22）。上半分／下半分で、適応される環境を描き分けることで、それぞれの活動の意味合いも理解しやすくなります。

構成要素：これからの社会に対する自分たちの役割（簡潔な文章／スローガン）、分割した自分たちの役割（キーワード）、役割の目的や具体的な施策（簡潔な文章）

ビジョンマップの選び方

これらのビジョンマップの選び方について解説します。ビジョンマップでもっとも見せたいこと、プロジェクトメンバーやこれから一緒に活動していく人たちに伝えたいことをあらためて確認し、それに近い目的に応じて選びます。

ステップ4－1を実施した人は、きっと「自分たちがつくりたい未来の理想的な姿は何か？」「どんなことを重視しているのか？」といったことが明確に見えていると思います。これらの考え方が、絵を選ぶ基準になります。

表4－1はビジョンマップで表現できる特徴一覧をまとめたものです。たとえば、「未来に生まれる生活シーンを表現したい」と考えた場合、表4－1を見ると「タウンプレート」「フューチャーピクチャー」「鳥瞰図」などの構図に丸印がついています。

これらのビジョンマップは、生活シーンの一幕を切り出して、生活風景を写真のように描き出すことができるので、どんな生活をつくろうとしているのかを明確に伝えることができます。それぞれの違いは、その大きさや配置などです。実際の絵を見ながら、目的に合致したものを選んでみてください。

また、理想的な組織やチームの姿を見てもらいたいと思った場合には、「ビジョンツリー」「文化の

	ビジョンマップの15の型														
	タウンプレート	ビジョンツリー	パーパスシップ	フューチャーピクチャー	文化の塔	鳥瞰図	ビジョンブリッジ	パーソナルビジョン	フューチャーバブル	バブル創出モデル	ロードマップモデル	シナジーモデル	ビジョン共創モデル	地層モデル	フラワーモデル
未来の理想的な街や社会の姿を表現したい	●			●		●			●	●					
未来に生まれる生活シーンを表現したい	●			●		●	●		●	●	●				
理想的な組織やチームの姿を表現したい		●			●	●		●		●			●		●
未来のプロダクトやサービスの姿を表現したい	●			●		●			●	●					
自分たちが社会に与える影響を表現したい		●	●		●	●				●			●	●	●
流れや段取りをわかりやすく表現したい					●		●				●				
自分たちのブランドを強力にイメージづけたい	●			●		●									
ビジョンに対して説得力を増強させたい										●		●		●	
考えたことをブレないように大勢に伝えたい	●					●	●			●				●	
文化的背景を全体的にとらえられるようにしたい	●	●				●				●			●	●	
個性が活きるチームをつくりたい		●		●				●					●		

■ 表4-1　ビジョンマップで表現できる特徴一覧

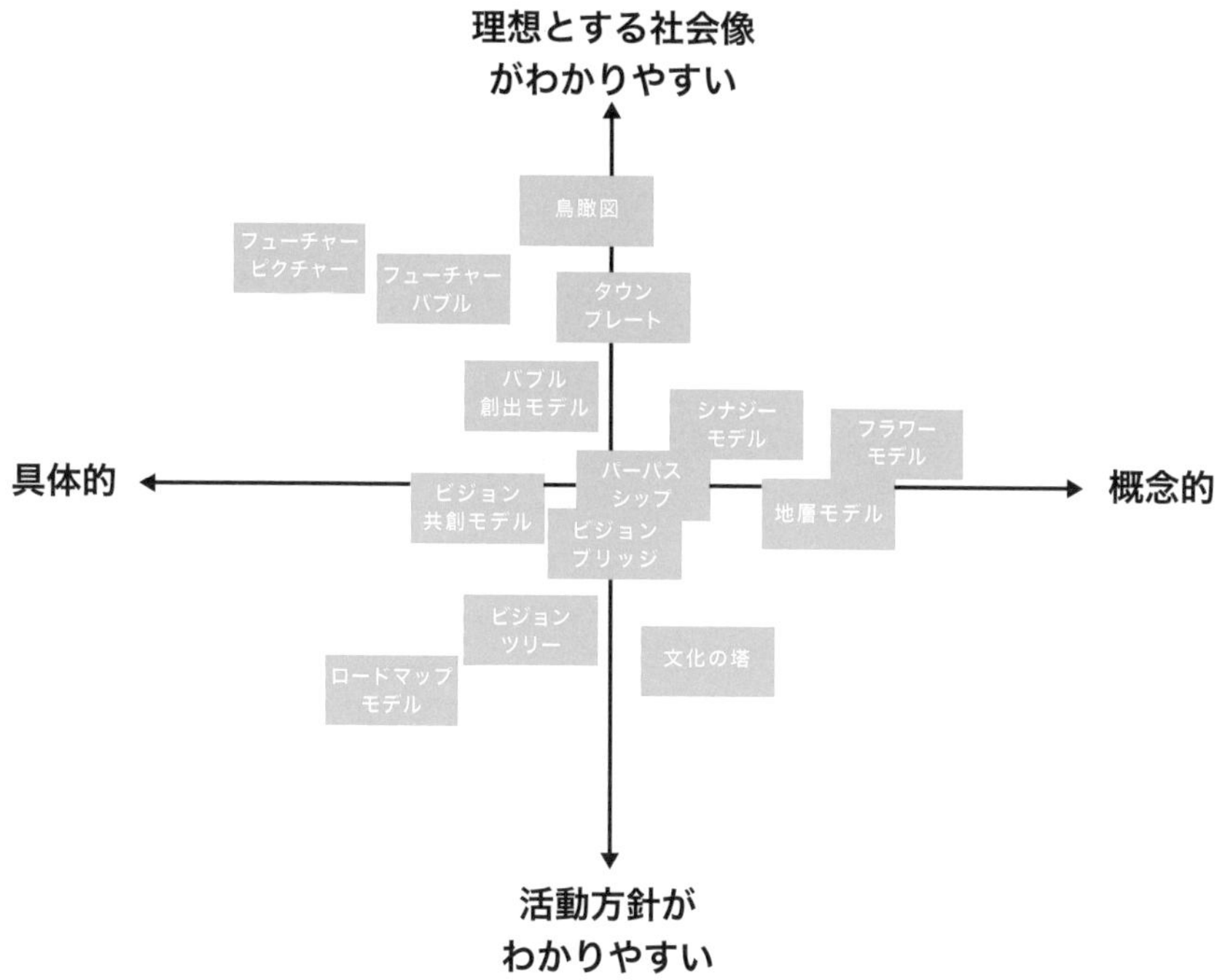

■ 図4-23　ビジョンマップの特性マッピング

塔」「バブル創出モデル」などが該当します。これらは、全体的に絵を使っているものと、要所でのみ絵を使っているものなどが選べるようになっています。

図4－23は、ビジョンマップの表現の特性を「表現の抽象度」と「わかりやすさの性質」によってマッピングしたものです（個人で利用する「パーソナルビジョン」を除いた14の型を掲載）。「具体的」な表現は、未来の風景に対して強い印象を植え付けることができる一方で、それ以外の選択肢を見えにくくしてしまいます。「概念的」な表現は、共通のイメージをもちにくい反面、解釈の自由度が高まり個性豊かな

施策が生まれやすくなります。

また、「理想とする社会像がわかりやすい」ものは、目指している遠くの未来の姿を共有しやすく、逆に「活動方針がわかりやすい」ものは、目指している姿に対して、目先の活動内容が共有しやすいという特性があります。ビジョンマップを共有する状況や参加する人によって選択していきましょう。

ただし、「絵を描くのが大変そうだから、文字だけのものにしよう」と安易に決めることは、できる限りさけましょう。絵は、内容をわかりやすく伝え、見た人の心に直接訴えかけていくことができます。デザイナーやイラストレーターなどに依頼、発注して描いてもらうという選択肢も含めて検討してください。

ステップ4-3 ビジョンマップを描き出す

ビジョンマップで表現したい全体像が決まったら、あとは絵として描いていきます。さまざまな要素を盛り込んだ一枚の要約をつくるイメージでまとめましょう。

ビジョンマップをつくる目的は、つくりたい未来の風景を描き、共感者を増やしたり、活動を進化させていくことです。

そう考えると、ビジョンマップは美しい絵画ではなく、まだまだ進化中だと思わせるような、試行錯誤の跡が見えるようなものである方が好ましいともいえます。完璧なものをつくろうとして力を入れすぎずに、見ている人が楽しみ参加したいと思えるようなものを目指していきましょう。

ビジョンマップを描く方法

描く方法としては、次の4つがあります。

- 大きな紙に手書きで描く
- ドローイングソフトをつかって描く
- 手書きで検討しパワーポイントなどで整理する
- デザイナーやイラストレーターに依頼する

大きな紙に手書きで描く

模造紙やホワイトボードくらいの大きい紙のサイズ（788㎜×1091㎜の模造紙やA0サイズのパネルなど）に、ダイナミックに手書きで描く方法です。大きな紙に絵を描くことに慣れている方がいる場合は、もっとも即効性が高く、見る人の共感を高める効果が期待できます。

大きな紙を使う理由は、人が紙の前に立ったときに、視界いっぱいに情報をとらえることができ、そのビジョンに没入できるからです。また、補足したい情報を付箋紙で追加したりと、ビジョンマップに身体感覚をもって対峙することができ、鮮明に記憶されることになるでしょう。

ドローイングソフトを使って描く

タブレットPCなどを用いて、ドローイングソフトを使って描く方法です。自由な表現が可能なため、表現力の高い方におすすめの方法です。デジタルデータで描くため何度も修正、編集ができ、安心して試行錯誤できます。また、ダイナミックに色を使うこともでき、ビジョンの世界観を打ち出す表現がしやすいのも特徴です。

ただし、一人が画面上で描くため、共有したい組織やチームのメンバーがビジョンマップの世界に没入する効果が少なくなってしまいます。可能であれば、多くの人に共有するタイミングでは、プロジェクターで大きく投影したり、大判ポスターサイズに印刷したりするなどの工夫が必要となるでしょう。

手書きで検討しパワーポイントなどで整理する

パワーポイントやキーノートのような、プレゼンテーション用ソフトを使って描く方法もあります。しかし、ビジョンマップを検討する方法として最適であるとはいえません。

このようなソフトを使って検討すると、いつのまにか資料をつくっている感覚に陥ってしまい、文字を書き込みすぎてしまったり、網羅性や確実性が気になり手がとまってしまいやすくなります。ビジョンマップのよさである「人間味のある感覚情報がわかる」「全体像を見渡しやすい」「見ていて楽しい」という特性が失われやすくなってしまうのです。

検討中は手書きにこだわり、最後に整理する方法としてパワーポイントやキーノートなどを用いましょう。また、写真やイラストを挿入したり、色づかいに気をつけて個性的な表現にしましょう。

デザイナーやイラストレーターに依頼する

自分たちで描くことにこだわらずに、絵を描くプロに頼むという選択肢もあります。その場合、ビジョンマップの指示書のようなものをつくっておくとよいでしょう。

指示書は、表記してほしい内容を伝えるだけでなく、利用用途や見る人に与えたいイメージ、ビジョンそのものを何のためにつくっているのか、どのくらいの頻度でアップデートしていきたいか、といったことも伝えると、描き手にとって有益な情報となるでしょう。

ビジョンマップを描き出す手順

①構図をもとに、自分たちの組織やチームの状況に合わせて世界観のある背景をざっくりと描く

②活動やアイデア、社会的現象をプロットする

・自分たちの役割のプロット

・未来の社会像が書かれていれば解説を文章で追加する
・この未来をつくっていくために必要な活動や、活動のアイデアを配置する
・この未来をつくっていくために必要な施設や道具があれば、それを語れるように抽象的でもよいので登場させる
・タイトルをつける

③細部のこだわりを文字で十分に説明する

絵はわかりやすく一覧性や共感性を高めますが、読み解きに個人差が生じたりとらえにくいと感じる人もいるでしょう。ビジョンマップが描けたら、何を表現しているのかという解説図をつくることをおすすめします（図4－24）。

たとえば、次のような要領です。
・登場人物の紹介：赤い帽子をかぶっているのが○○チーム、空から飛んできている人は○○をしている人
・エリアの紹介：山頂エリアが示すもの、木のうえの活動が表すもの

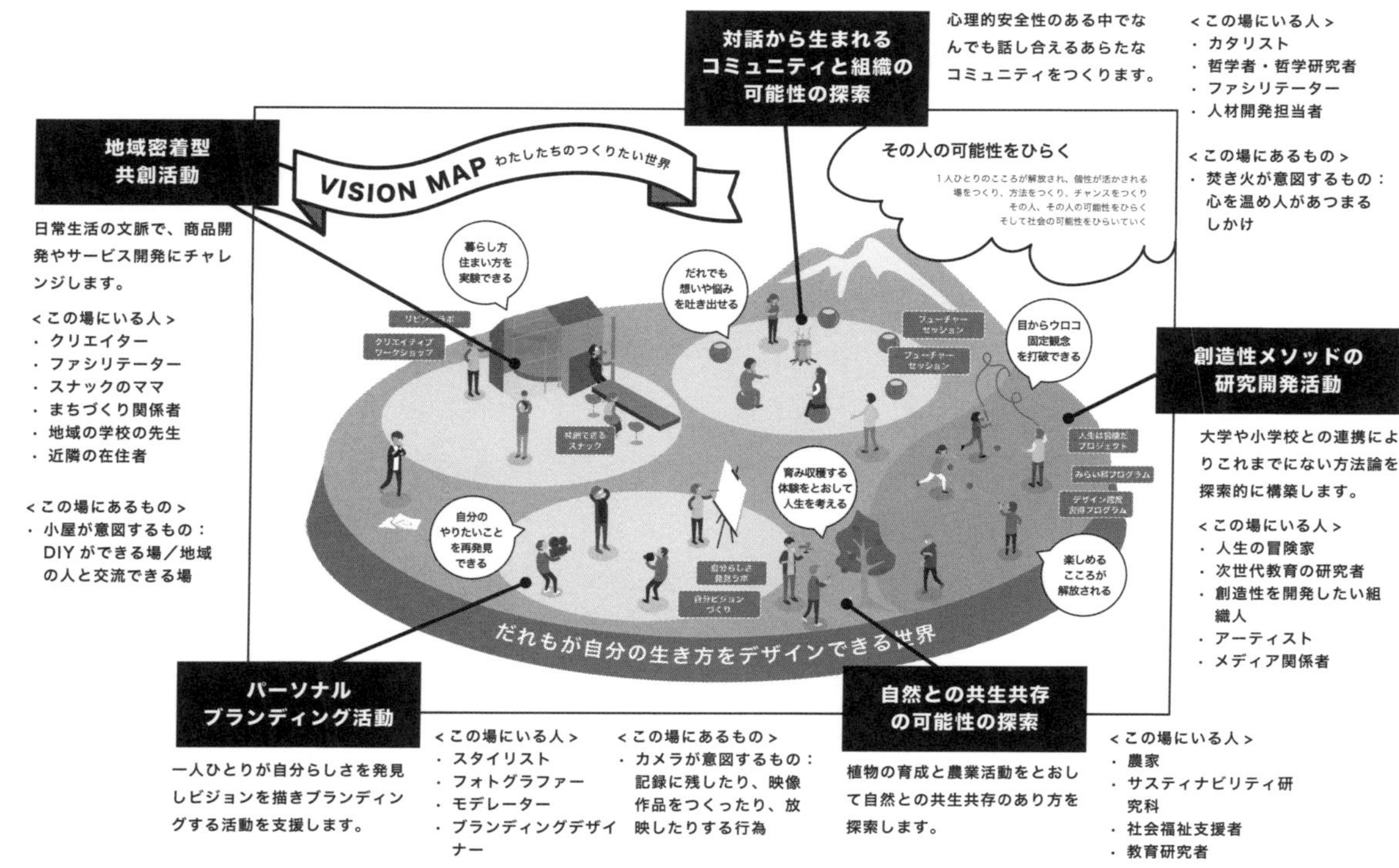

図4-24　ビジョンマップ解説図の一例

未来の風景を描き出すポイント

ビジョンマップは、とても不思議な存在です。なぜなら、戦略や企画の会議の場では、文字だらけのかしこまった資料の中にも違和感なく入れ込むことができ、プレゼンテーションを華やかなものにしてくれる一方で、子どもたちや地域の人たちと未来を語り合うときに会話を促進し、たくさんのアイデアを膨らます材料として機能します。

さらには、自分たちのビジョンマップを会社の玄関に大きく貼りだしたり、パソコンの背景画像に設定したりする方もいます。さまざまシーンで想いと想いをつなげ、未来を生み出しつづける存在となります。

このように考えた場合、ビジョンマップを一つの文脈、一つの利用用途に限定して考えることは、とてももったいないことに思えます。経営会議で使うからきちんとしたモノでなければいけないとか、SNSで発信したいからインパクトが大事だなどと、最初から限定して考えず、まずはビジョン本位で伝えたい内容を発想し、描き出していきましょう。ビジョンマップをつくった後に、さまざまな用途が生まれることもあります。

ビジョンマップは、つくって終わりではありません。さまざまな現場で使われて、新たな意味を帯び、フィードバックを得ながらアップデートされていきます。

最初から完成度を高めすぎず、未完成な印象のある手描きの不安定な絵の方が、新鮮かつエモーショナルで、勢いが感じられるでしょう。

ステップ

5

未来の自分たちを語り合う

未来の自分たちを語り合うとは？

壁を乗り越えていく

このステップ5では、ステップ4で描き出した「ビジョンマップ」を用いて、自分たち一人ひとりがどのようにかかわり合えるのかを自分ごととして考えていきます。

一人ひとりが、自分の立場、自分のモチベーションをもって、ビジョンと具体的な活動を紐づけることで、さまざまな立場の人が交流する未来を見出すことになり、ビジョン（未来の自分たちの姿）の解像度を高めることができます。

ビジョンをつくることはできても、「みんなに広まらない」「なかなか血肉化されない」と悩んでいる方も多いでしょう。大勢でビジョンを共有することはとても難しく、さらに考えてきたことを次のアクションにつなげていくとなると、たくさんの壁が立ちはだかります。

序章でも、ビジョンづくりに立ちはだかる5つの壁を紹介しましたが、その中でも「他人事の壁」と「縦割り管理の壁」がビジョンをつくった後であるステップ5においての障害となります（図序－1参照）。

「他人事の壁」では、ビジョンをつくった人とそれ以外の人たちとの間で意識や熱量に大きな差がある中、関係する人たちそれぞれが「自分の立場でとらえ直すことができるのか」が重要な課題となります。他人から押し付けられたものと感じられないように、共感できるポイントを探る必要があります。

「縦割り管理の壁」では、ビジョンが自分たちの活動に及ぼす影響を見落としたり、連携ができなかったりします。ビジョンの存在をないがしろにした計画を立ててしまうことすらもあります。

ビジョンづくりに立ちはだかる壁があることによって、なかなかビジョンが根づかなかったのも納得です。

では、どうしていけばよいのでしょうか？

これらの壁を越えていくとっておきの方法は、「ストーリーテリング」です。

ストーリーテリングとは何か

ビジョンをつくった背景を語り、自分の思いを語るストーリーテリングをうまく活用すれば、立ちはだかる壁を越えて、関係する多くの人が自分ごととして行動できるビジョンにしていくことができます。

人は、ストーリーを聞くと感情をゆさぶられます。わくわくしながら話の中身に没入できるでしょう。ビジョンも同様に、ストーリーとして語れることが重要です。

ストーリーの中に独自の意味を込め、解釈の余地を残し、まわりの人がかかわれる余白をつくりましょう。このようにストーリーテリングをすることで、「この物語に自分もかかわってみたい」と思ってもらえるような状況をつくりだすのです。

一人称としての語りが大切

ストーリーとして重要なのは、「一人称」としての語りです。自分は、いつ、どこで、何のために、どのようにして、何をするのか。どのように感じ、どう変わっていくのか。自分ごととして、感情豊かに情報を語ることで、ビジョンに命をふきこみ、静止画に動画のような躍動感を与えることができ

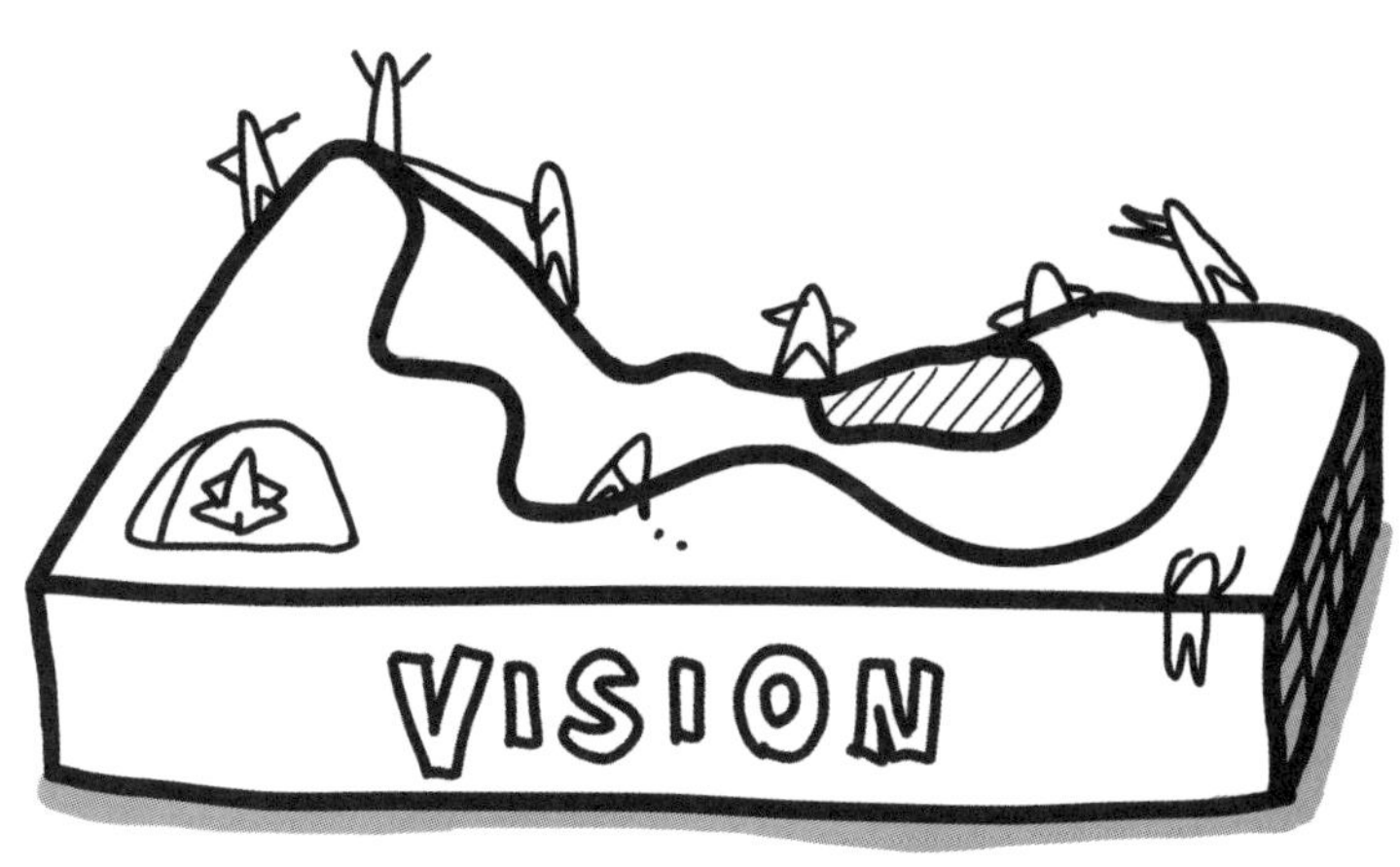

■ 図5-1　ビジョンを舞台としてとらえる

ます。

このとき語るのは「未来の社会で活躍している自分のストーリー」です。

つくりあげたビジョンマップが、一つの世界の舞台だとしたらどうでしょうか（図5－1）？ そこで、自分はどのように存在し、立ちふるまい、活動しますか？ 誰と交流して、どんな風に活動していきたいですか？

その思いを語り合い、ストーリーにしていきます。

ともにビジョンを共有したい、という仲間を集めて、たくさんの妄想を語り合ってください。それが、現実に未来を実現していくための筋書きになっていくはずです。

なぜ未来の自分たちを語り合うのか？

ビジョンは人とかかわって根づく

ビジョンとは、絶対的なもので普遍でなければならない、と考える場面は多くあります。正解のない時代、混沌とした状況の中で、試行錯誤を支えてくれるよりどころ、不動の存在にすがりたくなるからです。

しかしこのステップ5では、ビジョンはまだ修正可能な状態だと考えてください。自ら人に語り、人に語ってもらうことで、ビジョンそのものがそれぞれの人の内側で化学反応を起こし、研ぎ澄まされていくでしょう。

一人ひとりのストーリーが組織全体のストーリーと融合していき、語り合うことで、これまで考えてきたビジョンが組織で一段と広く強く、根づくきっかけになるはずです。

未来の自分たちを語り合った企業の話

とあるテクノロジー開発会社でのことです。

これからどんなことをやっていきたいのか、自分たちらしく社会に貢献できることは何かを語り合い、ビジョンマップをつくっていました。そのビジョンマップには、さまざまな変わり者たちが意気揚々と活動し、新しい技術を生み出したり、社会に発表したり、面白いサービスやプロダクトを次々と生み出している様子が描かれていました。

それを見て、参加者はわくわくして目を輝かせていましたが、リーダーだけが困った顔をしていました。「このビジョンマップをどう活用したらいいのかわからない……」と。次のアクションを見出せないでいたようです。

そこでビジョンマップを用いたワークショップを実施することにしました。そこには、ビジョンマップをつくった人だけでなく、同じ部署の人、企画の人、営業の人、取引先の人、日頃プロジェクトで一緒に活動している外の会社の人などさまざまな人たちを呼びました。

ワークショップでは、自分たちがつくったビジョンマップを簡単に説明したあと、「あなたがこの絵の中にいるとしたら、どこでどんなことをしますか?」という問いが発せられました。

すると、参加者は思い思いに語り出しました。「私は、この技術者の集まっているところで新しい何かを開発しているな。世界中から刺激的な人たちが集まってきていて、交流が活発になっている感じ。すごく楽しそうだ」「私は、その開発されたものを、別の市場にもっていってプレゼンするな。そこで、新しいビジネスの構想がはじまったりしている」「私は、外から面白いものを買い付けてきて、みんなに伝える役割かな。いろんなところに旅に出ては戻ってくるみたいに動いている」。

それぞれが、一枚の絵を舞台として、自分の未来の活動を語り出したのです。最初こそ、その会話は一人ひとりの妄想だったかもしれませんが、次第に具体的な連携活動のアクションプランのようになっていきました。その場で、現在では実現できていない未来に向けたアイデアが次々と生まれていきました。

ビジョンマップをもとに、未来の連携活動がより広がった瞬間でした。

仲間意識を育む

ビジョンをもとに、さまざまな人が集い自分ごととして語り合うことは、単なる情報共有とは異なります。参画する人たちの意識に、具体的な未来像を深く刻むことができます。さらに、同じストーリーを共有していくことで、同じ物語の登場人物として互いを認識し合い、仲間意識をもつことを助けてくれます。

この効果を意識し活動していけば、異なるチームの人、異なる部署の人、別の会社の人、会ったこともない人など「一緒にやりたい」という人が集まりやすい状況もつくりやすくなります。

これまで、「社会にとっての役割」を明確にしながら「自分たちらしさを発揮する」ことを目指してつくってきたビジョンだからこそ、さまざまな人が自分たちらしさを活かしやすく、包んでくれる力をもっています。組織やチームの中で、コミュニケーションを活性化させるきっかけにもなるでしょう。

ビジョニング・セッションで語り合う

ビジョニング・セッションとは何か

「ビジョンを語り合う」ための具体的な方法として「ビジョニング・セッション」というワークショップを紹介します。ビジョニング・セッションとはビジョンをつくった背景やストーリーを語りながら、さまざまな人の想いを語り合うワークショップです。

ここでは、ビジョニング・セッションを前半と後半の2つのパートに分けて説明していきます。それぞれが補完関係にありますので、同じ日に同じメンバーで実施することを想定して読んでください。

また、ビジョンを語り合うことは、具体的なアクションプランを想像し、議論することでもあります。ステップ6－1で扱う「ビジョンを活かす施策の検討」もこのタイミングから始めると効果的です。

ここからは次の2つの手順について解説していきます。

ステップ5－1　ビジョンとその背景を共有する
ステップ5－2　一人ひとりが自分ごととしてイメージし語り合う

これらはさまざまな壁を越えて、ビジョンをチームや組織に根づかせるために、チームや組織のビジョンを一人ひとりの目線でとらえ直しながら、具体的なアイデアを付加していく方法です。関係する多くの人が、自分ごととして行動できるような状態をつくります。

図5-2　ストーリーテリングの様子

ステップ5-1

ビジョンとその背景を共有する

ビジョニング・セッションの前半

ビジョニング・セッションの前半では、ビジョンをつくった背景やストーリーを語ります（図5－2）。この場は、会議やプレゼンテーションの場のような硬い雰囲気ではなく、参加者と一緒につくるワークショップのような場をイメージしてください。相互に話しやすい状況をつくれるならば、オンラインで実施してもよいでしょう。

ここで語るストーリーとは、次のものが含まれます。

- 発見した自分たちらしさとその検討ストーリー
- 見出した未来の社会像とその検討ストーリー
- 見えてきた自分たちの役割とその検討ストーリー
- ビジョンマップとその検討ストーリー

これまでの検討の過程や葛藤、悩んだことや選択したことをすべて語りましょう。ここで大切なのは、結果を話すのではなく、検討の過程をまるごと共有することです。

ビジョンマップというわかりやすい成果が出たことで、ビジョンづくりが完成を迎えたように感じてしまうこともありますが、まだこの段階では、独りよがりなビジョン（わかりにくく、共感されにくいもの）になっている可能性もあります。

多くの人に共感してもらい、自分ごと化してもらうために、さまざまな人の意見を聞いてみるチャンスだととらえて臨みましょう。

そのためには、次のことを意識してストーリーを語ってみましょう（図5－3）。

- 検討してきた本人が一人称で語る

図5-3　ストーリーで見えてくる感情と選択背景

- 時系列で語る
- 感情を込めて語る
- 確定したことだけでなく、検討中に起こったストーリーなども語る

ストーリーテリングでは一人の人間が自分をさらけだして語ってこそ、多くの人の心に響きます。ストーリーとしては次のような表現が一つの例になります。

私たちの自分たちらしさは、○○だと思っていたのですが、実際にこれまでのサービスリリースを全部見直したところ、●●というキーワードが効果的に使われているということがわかりました。実際は、自分たちにとっては当たり前だと思っていて、なかなか自分たちらしさとは受け入れられなかったんです。でも、さらに、創業者の□□さんの日記が出てきて、そこにも同じ●●という言葉が書かれていて、まさに、自分たちの魂には●●があるんだなと思いました。

伝達ではなく創造的な対話が目的

一方でビジネスの現場では、決まったことをスマートに伝えることが求められる側面もあり、通常の会議の中でこの方法（曖昧なことを／一人の視点から／感情をこめて／順々に話していくという話し方）を行うと、不快に感じる人もいるでしょう。そのため、会議の設定方法にいくつかの工夫も必要です。

この場の目的を「効率的な伝達」ではなく、「質を高めるための創造的対話」であると定義し、いつもとは違う時間であるということを伝えてから行いましょう。

たとえば、「ビジョン意見交換会」「ビジョン・ダイアログ・セッション」「ビジョンづくり物語劇場」など特別な名前をつけて実施してもよいでしょう。

また、語る人についても配慮が必要です。組織全体にかかわることだから上層部の人が話すのが適役ではないかと考えてしまいがちですが、それは逆効果です。

ここはあくまでも、当事者のストーリーテリングの場所なので、違和感やわかりにくい点について、意見を出しやすい状況をつくることも大切です。トークイベントのように、司会者が質問して当事者が答えていく、という段取りでも構いません。

ストーリーを聞いてもらうときの工夫

ストーリーを聞いてもらう相手には、ただ漫然と聞いてもらうのではなく、「このビジョンに便乗するかどうか」を一人ひとり判断してもらう気持ちで参加してもらいましょう。

たとえば、次のことを付箋紙やチャットなどに書き出してもらうようにお願いすると効果的です。

・面白いと思ったこと、共感したことは？
・よくわからなかったこと、もやもやしたことは？
・個人的にやってみたいと思ったことは？

ここで書き出された内容をもとに、ビジョン検討のストーリーを補足したり解説したりすると、より理解が深まるでしょう。語った後に「意見のある人や、質問がある人はいますか？」というような進行では、参加のチャンスを奪ってしまいます。語っている間でも、全員が参加できるような場のあり方を考えましょう。

ビジョンは、「社長が決めたもの」「いつのまにか決まっていたもの」と考えると、どこか他人事のように感じますが、「目の前にいる人が、苦労してつくり上げてきたもの」と感じられるとき、そこに意味が生まれ、大切にしようという想いが芽生えます。

ビジョンづくりの過程では、さまざまな葛藤もあったことでしょう。考えてきたことを語るだけで、きっと面白いストーリーになっているはずです。悩んだこと、苦労したことなどを、自分の主観を入れて伝えましょう。

ステップ5-2

一人ひとりが自分ごととしてイメージし語り合う

ビジョニング・セッションの後半

ビジョニング・セッションの後半は、参加者みんなが自分ごととして語り合えるワークショップを行います（図5－4）。

オフラインであれば、広い会場に大きく印刷したビジョンマップを貼り出して、みんなが見えるように掲げます。オンラインであれば、みんなで共同編集できるツールを使ってビジョンマップを共

図5-4　ビジョンマップを用いた語り合い

有したり、アイデアを語り合ったりするような環境をつくります。4〜6人が1グループとなって語り合うイメージで説明します。

ここまではビジョンをつくってきた主要メンバーが中心となって、組織やチームにとってのビジョンを検討してきました。しかしこのワークショップでは、ビジョンを実現する立場として、一人ひとりが自分ごととしてとらえる時間をとります。頭で考えてきたことを、体の中に取り込んでいくような感覚に近いかもしれません。

参加してもらうメンバーは、ステップ1で設定した「自分たち」の範囲にいる人たちです。中でも、これから一緒に活動していく可能性がある人たちや、顧客やエンドユーザーなどのコミュニティを含め、深くかかわってもらえるとうれしい人たちと一緒に行いましょう。

ビジョニング・セッションの後半では次の3つ

のことを行います。

①ビジョンに対して一人ひとりがやってみたいことを語る
②未来の可能性を互いに語り合う
③個々人が小さな目標をもちかえる

ビジョンに対して一人ひとりがやってみたいことを語る

「こんな未来があったら、あなたはどこで何をしてみたいですか?」
「こんな未来が来たら、あなたはどんな風に思いますか?」

このような問いをもとに、アイデアレベルでよいので自分たちの意見を語っていきます。できれば、各自が付箋紙に書いたものを貼り出してから語り合うとよいでしょう。互いに語り合いやすくなり、ビジョンマップ上の付箋紙の位置関係で、アイデアの性質を理解しやすくなります。

また、ここでは小さなひらめきもじっくり構想されたアイデアも、十把一絡げに扱います。アイデアに優劣や大小をつけず、すべての素材をテーブルに載せるイメージで出しましょう。

ここで重要なのは、実現性や確実性をまったく無視して語ることです。これまで経験のないことでも、何の根拠のないことでも、自由な妄想をしてよい時間です。

逆に、事実に基づいたことを書き出しては、未来のことを考えていくことにはなりません。ビジョンマップが描かれた未来の社会背景に基づき、自分たちの生活も価値観もアップデートされているという前提で、思いつきを自由に語りましょう。

未来の可能性を互いに語り合う

それぞれのアイデアや構想がビジョンマップの上に浮かび上がったら、互いのアイデアを受けとめ合い、チームとしてアイデアを高めていくための話し合いをします。

互いのアイデアにエールを送り合ったり、連携したら何が起こりそうかといった、未来の可能性を広げていく時間です。次のような問いを順番に用いながら語り合えると効果的です。

「連携したらどんなことができそうですか?」
「これらのアイデアを実現するために、自分たちがもっているもので、使えるものはありますか?」
「これらのアイデアを実現するために、私たちはチームとして何ができますか?」

図5-5　一人ひとりの目標宣言

個々人が小さな目標をもちかえる

このワークショップの最後に、一人ひとりが自分ごととして考え、自分の活動の中にもちかえるものを明確にします。

これまでチームの一員として語り合っていましたが、最後は一人ひとりが自分で考え、何をやるのか、はたまたやらないのか、自分で選択することが、意思をもった行動には重要になるからです。

「あなたは何から始めますか?」

このような問いを用いて、小さなスタートを後押しできると効果的です。たとえば、この問いの答えを一人ひとりが紙に書き出し、それを読み上げたり見せ合うという方法もあります(図5－5)。

それぞれの立場や活動の状況、モチベーションの違いがある中で、どのようにこのビジョンにかかわっていくのかを明確にしていくことにもなります。

こうしたビジョニング・セッションをさまざまな人たちと実施します。とくに、大きな組織の場合には、集まる人や場所を変えたりして、繰り返し行うと大きなムーブメントをつくれます。繰り返しやることで、内容も研ぎ澄まされ、組織内に共通認識が生まれます。ビジョンが広まり自分たちの体の中に浸透していくのを感じられるでしょう。

自分たちの未来を語り合うポイント

自分たちの意思がすべて

ここでは、それぞれ自分たちの「やってみたい」という意思（Ｗｉｌｌ）をとても大事に扱います。だからこそ、それぞれの心に火をつけ、背中を後押しすることができるのです。

しかし実際、組織でビジョンがつくられたあとは、このように一人ひとりの意思で自由に語り合える場があるのは稀なことです。

ともすれば、ビジョンを崇め奉り、組織の中の人たちに理解を強制させ、働きアリのように実現させるためのアクションプランを立てていくという流れに陥ってしまうことも少なくありません。

それは、「組織のビジョン＞個人の意思」という構図になっていることを表しています。これまでの時代はそれでよかったかもしれません。

しかし、正解がわからない時代、複雑でやっかいな課題が点在している現代社会では、一つの固定したビジョンを掲げて組織に浸透させていくという考え方そのものがリスクとなってしまうこともあります。

これからは一人ひとりが思考し、行動し、状況を察知してビジョンをアップデートしていけるようなシステムが必要です。

トップダウンがよくない、ボトムアップがよい、という二項対立で考えるのではなく、トップからもボトムからも互いに見える世界を共有し、それぞれが課題と向き合える場をつくる。

それが、これからの時代に必要なビジョンのつくり方といえるのではないでしょうか。

理想的な状態は、「組織のビジョン⇄個人の意思」です。

組織全体の課題は、組織全体を見ている人にしかわかりませんし、個人の意思は個人にしかわかりません。つくったビジョンを、組織やチームに浸透させていくのではなく、ビジョンという足場、舞台の上に一人ひとりが立ち、未来を夢見て歩き出せる状況をつくるのです。

未来の自分たちを語り合うことができれば、そこに参加した人数分の物語が生まれます。

そして、それぞれの物語が交差していけば、それはより確実性の高い未来の姿、明確な未来となっていくでしょう。

わくわく感とともに、自主性をもった活動が自律的に生まれていくのですから、「理解してもらう」「自分ごとにしてもらう」という従来の課題は越えていけるはずです。

ステップ 6

試しながらアップデートする

試しながらアップデートするとは？

ビジョンは一度つくって終わりではない

さて、ステップ1からステップ5までを通して、ビジョンマップに基づき組織やチーム内で語り合うことができました。ひとまずこれでビジョンを無事につくれたので大きな一歩を踏み出すことに成功しました。大変な道のりだったかと思いますが、本当におつかれさまでした。と手放しで喜びたいところですが、これでハッピーエンドではないところがビジョンの難儀で面白いところです。ビジョンが効果的に組織やチームで機能するためには、日常の中で具体的な活動として息づき、社会の動きや自分たちの状態にあわせてアップデートしていかなければなりません。

簡単にいうと、「やってみる」＆「ふりかえる」を行いながら、ビジョンをアップデートしていく必要があります。

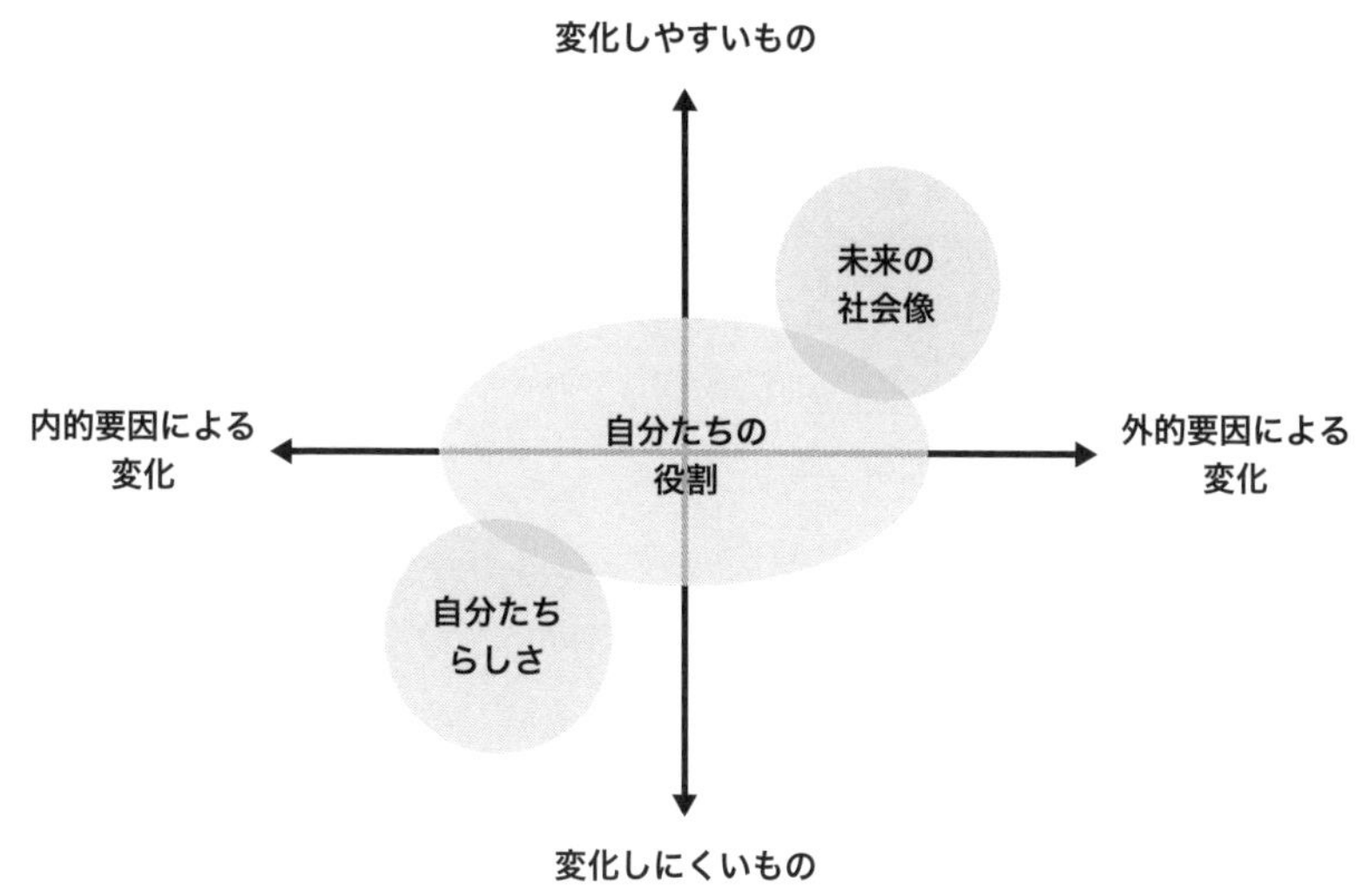

■ 図6-1 ビジョンづくりで検討してきた要素の変化特性

しかし、これまで検討してきたものの中には、時代の変化に影響されない本質的な内容や、自分たちの覚悟をこめた安易に変えるべきではない内容も含まれています。

何を変え、何を変えてはいけないのか？ その判断を間違えてしまうと、せっかくつくってきたビジョンそのものの価値が低下してしまうおそれがあります。これまで検討してきた「自分たちらしさ」「未来の社会像」「自分たちの役割」について、その性質をあらためて見ていきましょう。

図6－1に、情報の変化のしやすさと、変化の要因を整理しました（本書執筆時点）。「自分たちらしさ」は変化しにくく、「未来の社会像」は変化しやすい、ということがわかります。「自分たちらしさ」はさまざまな経験から資産、歴史、哲学などを見出していく必要があり、形成されるまである程度の時間を要します。そのため、一朝一夕に変

化するものではなく、自分たちの考え方や姿勢に何か大きなインパクトがあったり、たくさんの人的流動があったときに変化するという傾向があります。

一方で「未来の社会像」は、技術の発展や世界の経済状況などによっても変化します。つねに変化し続けているものといってもいいでしょう。そして、その中間に位置づけている「自分たちの役割」は、「自分たちらしさ」と「未来の社会像」をかけ合わせて形成されたものなので、状況に合わせて変化するものと考えることができます。

このように情報の性質をとらえると、とくに「未来の社会像」と「自分たちの役割」は、時代の変化とともにアップデートが必要であるということがわかります。「自分たちの役割」は、自分たちの活動の位置づけを認識する重要な役割なので、つねに「時代性とずれていないか?」「自分たちの中で違和感がないか?」などを確かめながら、アップデートする必要があります。

活動をしていく中で、考え方がバージョンアップしていったり、逆に不足していた点に気づいたりすることは少なくありません。活動しながらアップデートしていきましょう。

どのようにアップデートするのか？

小さな違和感をすくいとる

ビジョンをアップデートすることは、変化していく環境や社会性、自分たちの意識に合わせてチューニングしていくために必要ですが、時として、忘れていた大切なことを思い出させてくれる役割ももっています。ビジョンと自分たちの現在の姿を照らし合わせることは、活動そのものの価値を高めていくことにもつながります。

小学校の文化を変革するプロジェクトを行っていたときのことです。5年目となるそのプロジェクトには、明確なビジョンがありました。「子どもたちの創造力が解放され、子どもたち自らが、自らの力で学び方を創造していける世界」をつくろうとしていたのです。

しかし、その年に活動を牽引してきた中心人物が異動することになり、活動体制が大きく変わることになりました。そして、残されたプロジェクトメンバーは、ビジョンのことよりも「この活動をしっかりと続けていかなくてはならない」という責任感を抱くようになりました。

1年間にわたる活動は予定どおり進み、最後のワークショップを終えたタイミングでは誰もが「うまくいった！」と感じていました。

そんなとき一人のメンバーが違和感を口にしました。「これで、本当によかったのだろうか？」「活動することが目的になっていたのでは？」「子どもたちは教えてもらったことをただやっていただけではなかったか？」と。

このとき、「自分たちがつくりたかった未来の姿にはなっていない」ということに気づいたのです。

ビジョンに向かっているつもりでも、いつしかその道から逸れてしまうこともあります。ことあるごとに「向かっている方向が合っているのか？」「目指したところまでたどりつけそうか？」を意識する必要があります。そして、ビジョンそのものが劣化していなくても、現場のメンバーの体制や意識が変わっていると感じたならば、ビジョンの扱い方もアップデートするタイミングなのかもしれません。

活動してきたことがビジョンに対してマッチしていないということを認めるのは、容易ではありません。小さな違和感に気づけるよう、活動している人たちの気持ちにも注目し、感じ取っていく意識が大切です。

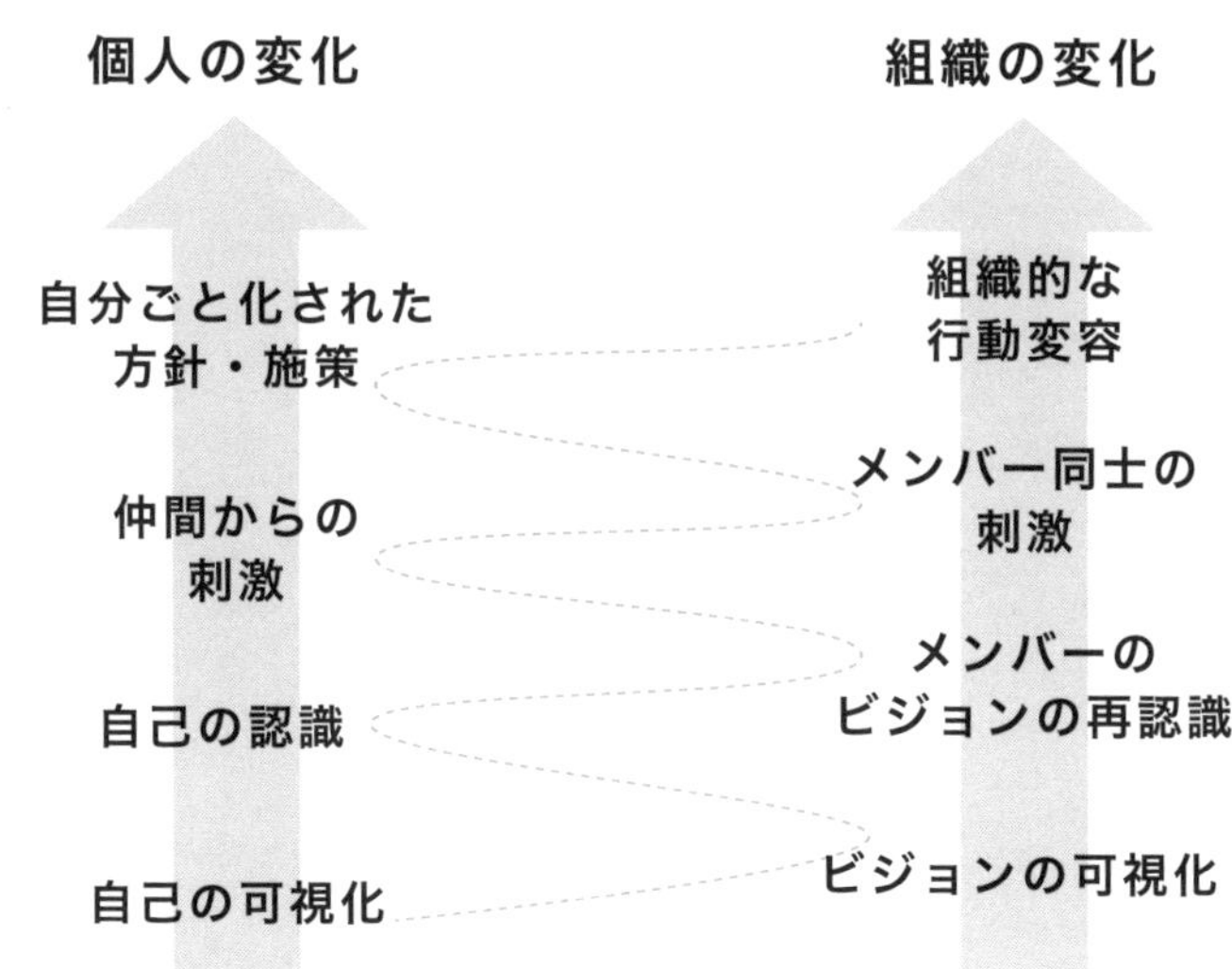

■ 図6-2　個人と組織の変化共振モデル

個人と組織が共鳴しながら進化する文化づくり

ビジョンは、組織やチームでつくっていくことが多い一方、具体的に活動するときには、一人ひとりの文脈や意識が関係してきます。組織やチームという集団に対しての理想と、個人の活動文脈での理想との間にわずかなギャップが生まれてくるのは、よくあることです。

組織のよりよい変化のために、ビジョンをメンバーに一方的に押しつけてしまっては、個人の意識は変わりません。組織にとって理想的な変化を促進するためには、個人の理想的な変化も意識し、組織と個人の2つの変化軸の共鳴を意識してみましょう（図6－2）。個人と組織、それぞれがうまくいくことで、組織やチームにとっても、その一員である個人にとってもよりよい状態がつくられ、組織の中にビジョンが根づいていきます。

対立する意見、複雑な状況を面倒くさがらず、活動状況を共有し合いながら、個々の想いにも耳を傾け、段階を追って進めていく必要があります。

試しながらアップデートする方法

「やってみる」&「ふりかえる」というと簡単そうに聞こえますが、その対象がビジョンとなれば、話は変わります。たくさんの人がビジョンをもとに活動している中で、「やってみた」ことをどのように「ふりかえり」すればよいのか？　どのようにアップデートすればよいのか？　これは、想像以上に難しい問題です。

個人と組織が共鳴しながら、進化していく文化づくりをするためには、単純に課題だと思ったことを解決していくという姿勢ではなく、活動を通した学びを「知見」としてとらえ、それらをビジョンに落とし込んでいくのが理想的です。

ここからは次の3つの手順について解説していきます。

ステップ6-1

ビジョンを活かす施策の検討

組織全体として戦略を練る

ここまで、ビジョンマップをつくり、さまざまな人に自分たちがつくりたい未来の風景や、担っていきたい役割、やっていきたい活動などを語ってきました。仲間が増えたり、具体的な活動が始まっていたりするかもしれません。

ここからは、その理想像を具体的なアクションに落とすために、それぞれの役割別にどのような活動が必要なのか、どのような連携が必要なのかを計画していきます。

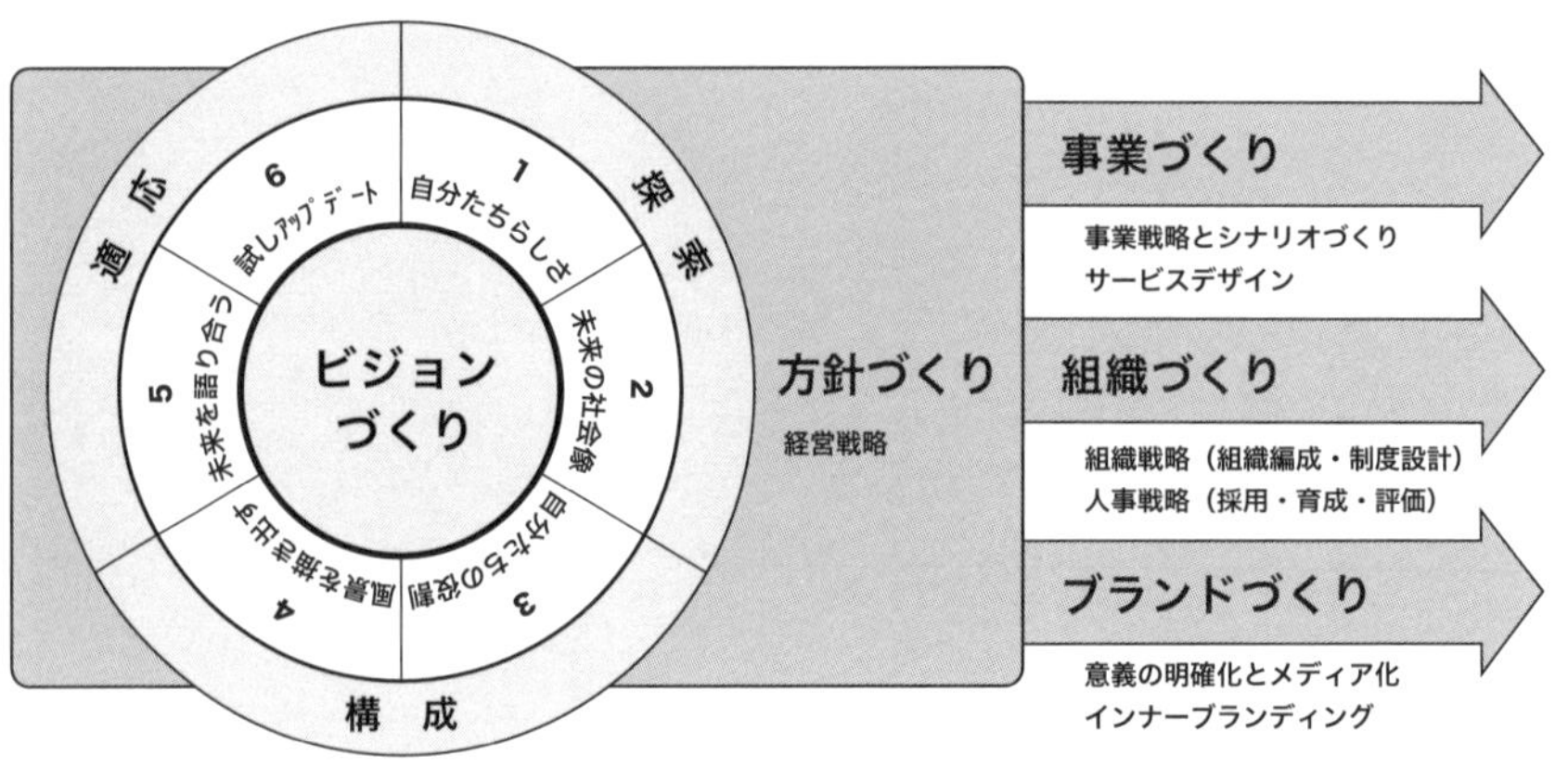

■ 図6-3　ビジョンから始まる組織活動

ビジョンマップで描き出した内容を具体的な活動に落とし込むためには、まずは大きな方針づくりが必要でしょう。会社であれば、全社的な方針ともなる経営戦略に該当します。

何を重視し、どこから、どのようにアプローチしていくのか？　組織やチームの価値をつくり高めるための活動を包括的に考え戦略を練ります。方針ができれば、事業戦略へ、組織開発戦略へ、ブランディング戦略へとさまざまな方向へ展開しやすくなります（図6－3）。

たとえば、ビジョンを実現する事業開発を行う場合には、ビジョンマップで描き出した「未来の風景」のシーンをより具体的に設定し、そこに存在している人間がどのようになれば幸せになれるのかを考え、そのための施策もともに考えることで、ビジョンに紐づいた独自性の高い事業の創出が行いやすくなります。筆者らは、ここからは

「サービスデザイン」の方法を活用し展開しています。

また、ビジョンをもとに、組織開発戦略として人材育成プランや採用計画との連携をすることも考えられます。ブランディングに活かす場合、存在意義を明確にし、それを発信していくためのメディア戦略を立てます。

重要なことは、それぞれの戦略をばらばらに考えるのではなく、組織全体のエコシステムとして検討することです。事業構想も組織開発もブランディングも、互いに影響し合っています。

組織の体制によっては、役割ごとに部署やチームが分かれていて、連携がしにくいこともあるでしょう。できるだけ一緒に検討していくことが理想的ではありますが、難しい場合には、自分たち以外の存在を意識して情報を共有したり連携方法を考えていくだけでも、組織全体としてビジョンに近づきやすい状態になります。

ビジョンを日常に取り入れる

さらに、ビジョンをアップデートするためには、あらかじめ日常的な活動の中でのビジョンとの向き合い方を考えておくとよいでしょう。活動の中でビジョンを意識してもらうための工夫をする、ビジョンのインナーブランディングです。

より具体的な活動を計画するとき、プレゼンテーションをするとき、日常的な活動の中で、たとえば次のようにビジョンを意識できるようにします。

- ビジョンマップを普段目にふれやすい場所（PCのデスクトップ、オンライン会議の背景、オフィスのエントランスにポスター設置など）に掲示する
- 企画書や提案書など、新しい活動が始まるタイミングのドキュメントにビジョンのページを挿入する
- ビジョンステートメント（ビジョンを一言のタグラインで表したもの）を作成し、目にふれる場所に入れる
- ビジョニング・セッション（ステップ5参照）のワークショップを定期的に開催する

ステップ6-2

活動で得られた知見を収穫する

個人の経験や発見を集めることから始める

ビジョンとして掲げた「未来の風景」に向けて、私たちは前進しているのでしょうか？
ステップ6－2では、ビジョンづくりから一旦手が離れ、現場でさまざまな活動をした後にあらためてビジョンをアップデートするための活動を紹介します。

活動の実態や社会の状況をとらえ、ビジョンを描いていたときとの想定とのギャップがないか、方針は間違っていなかったか、全方位的に確認していきます。ビジョンをもとに戦略的に活動したものも、ビジョンとは関係なく活動していたものも合わせて考えていきましょう。

では、具体的な施策をどのようにしてビジョンという抽象度の高いレベルへ反映させていくのでしょうか。

「やってみる」ときは、個人がそれぞれの文脈でそれぞれの目標をもって取り組んでいると思います。各地で活動していたり、各部署で活動していたり、一人ひとりが工夫しながら活動していることもあります。まずは、この個々人の活動の文脈共有からはじめ、それぞれの発見や知見をまとめた後、ビジョンに対して何をアップデートしていくべきかの戦略を練ります（図6－4）。

別々の文脈で活動している状況を理解しないまま、一様にビジョンに対する改善案を出し合ってもうまくいきません。ビジョンに対してまずは一人ひとりどのような文脈でどのような取り組みを「やってみた」のか、その活動実態を必ず共有してからふりかえります。

それぞれの活動の背景がわかると、そこで得られた知見の意味をより深く理解し合えるようになる

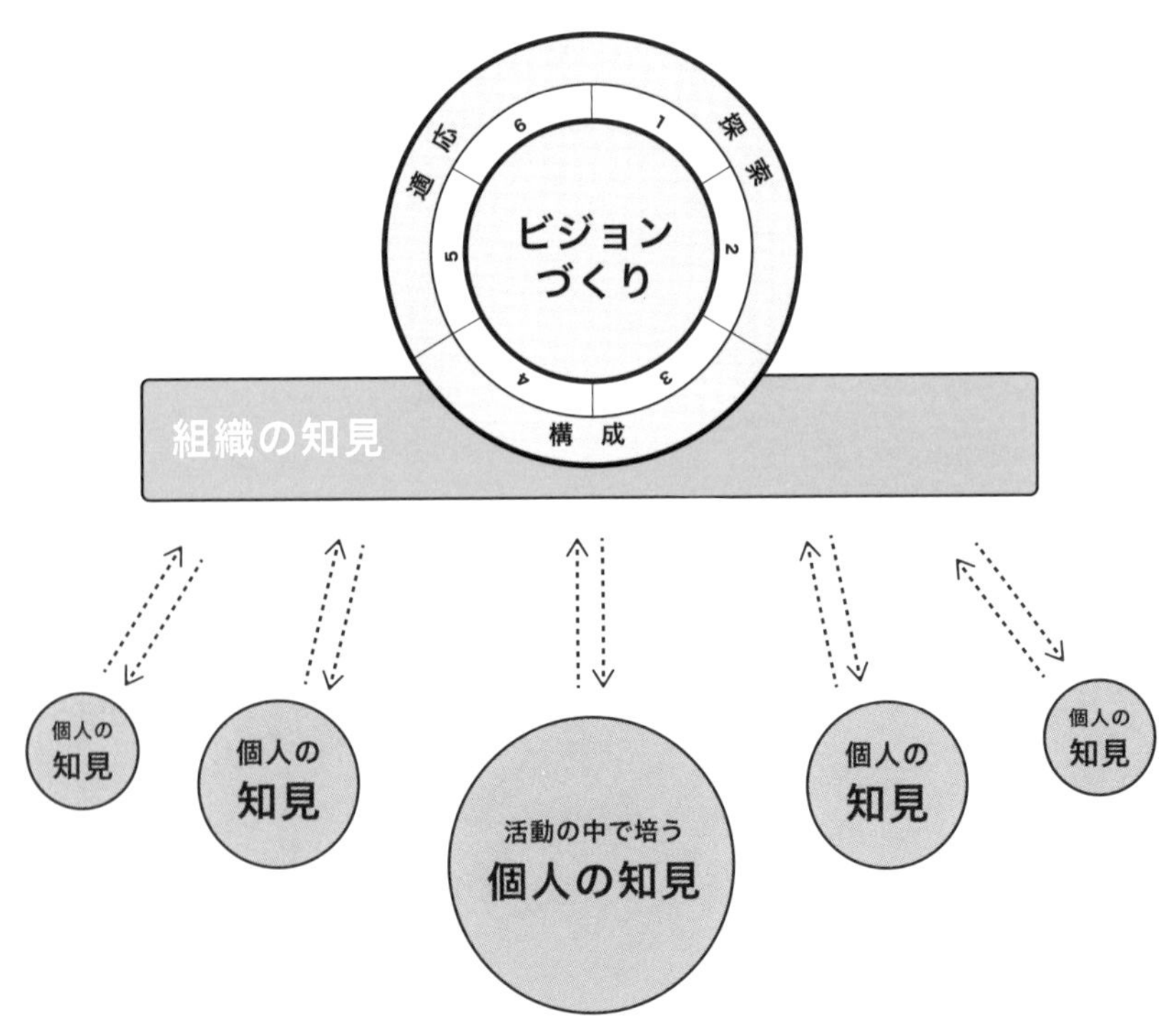

図6-4　ビジョンをアップデートする個人の知見と組織の知見

はずです。

組織に根づくマネジメント

具体的な方法をご紹介する前に、組織において有用な知見をマネジメントするポイントを確認しておきましょう。図6－5は、ナレッジマネジメントの基礎理論として有名なSECI（セキ）モデルを解釈したものです。

SECIモデルとは、個人がもつ知識や経験などの暗黙知を、形式知に変換したうえで組織全体で共有・管理し、それらを組み合わせることでまた新たな知識を生み出すフレームワークです。一橋大

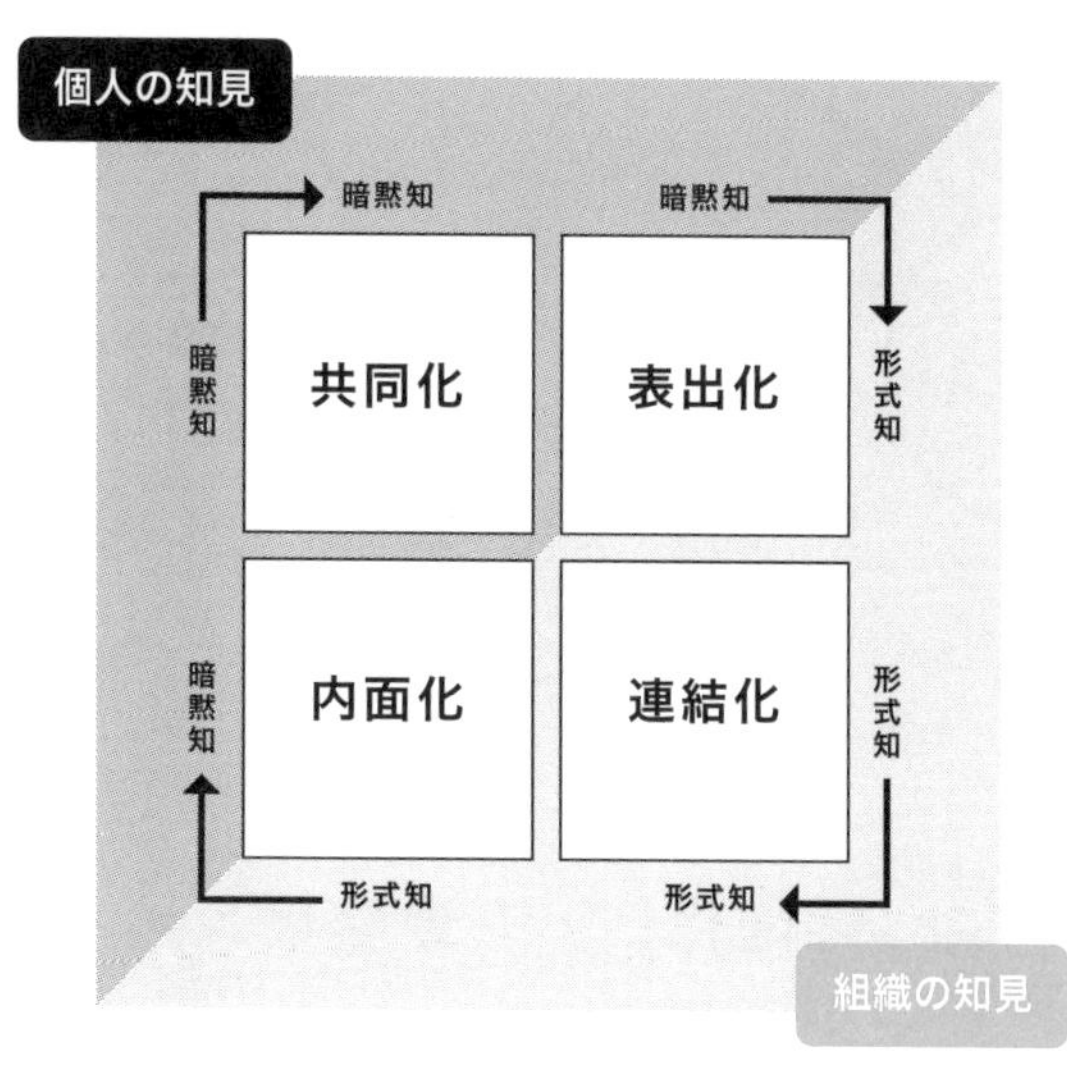

■ 図6-5　知見をアップデートするためのSECIモデルの解釈

学大学院教授の野中郁次郎氏らによって提唱されました。継続的に知識創造を高めていくための方法論として知られています。

SECIモデルでは、「暗黙知」となっていたものを「表出化」させて組織の「形式知」とし、「形式知」となっていたものを個々の文脈へ「内面化」することで「暗黙知」にするという考え方があります。

ビジョンづくりでは、まさにこの「形式知」と「暗黙知」の変換がとても難しく、考えてきたこと、やってみたことが組織やチームに根づかない要因にもなっています。

このSECIモデルをもとに、どのようにしたら継続的に知見が高まり、組織に根づいていくのかを考えていきましょう。

ビジョンに関する活動を共有したり、個人の知

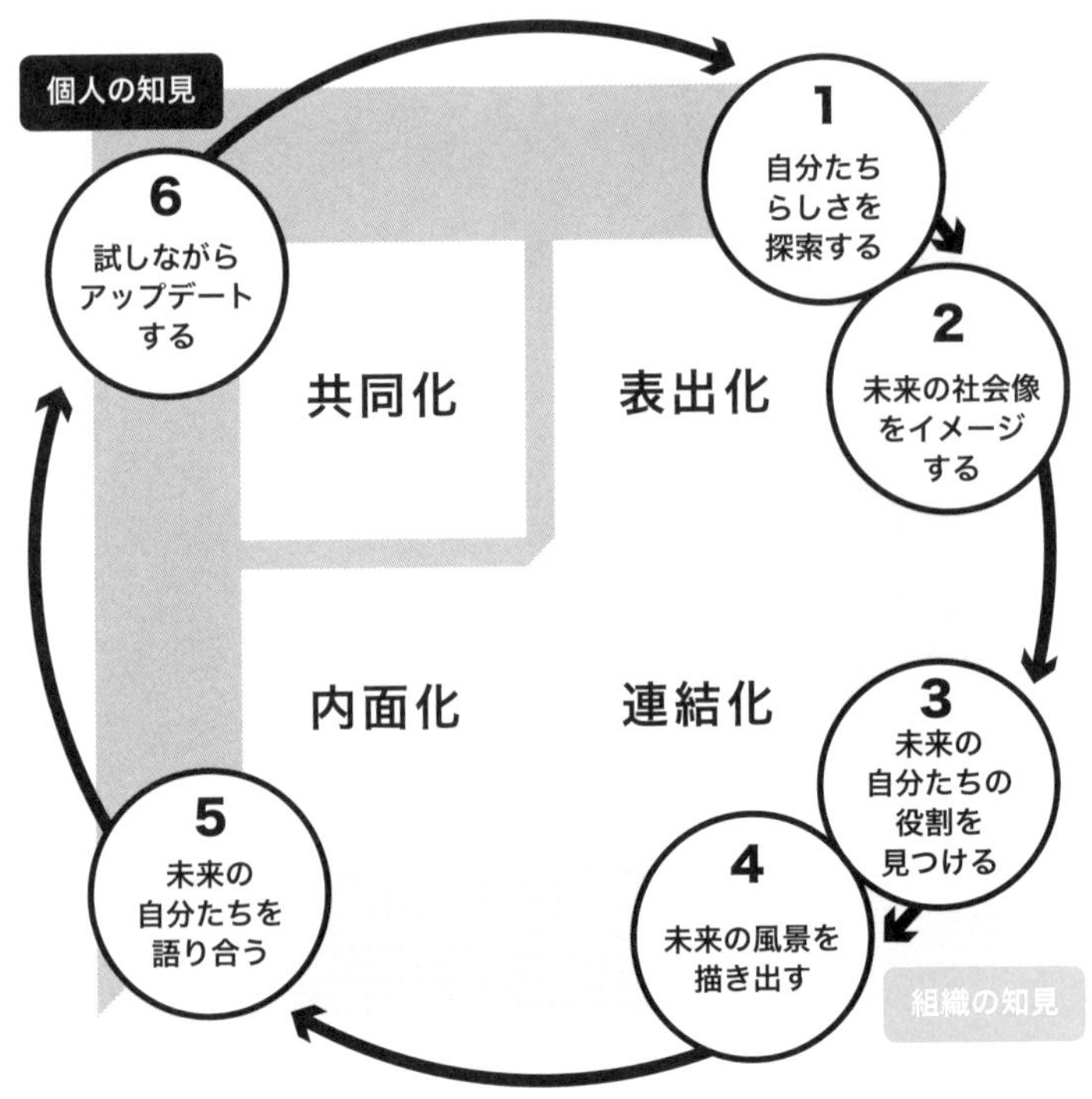

■ 図6-6　ビジョンをつくる6ステップとSECIモデルの関係性

見を共有することは、組織やチームから見たら「表出化」に位置づけられます。暗黙知だった知見が、見えるようになります。

そして、個人の知見を組織やチームの全体で共有しながら「ふりかえり」を行うことで、さまざまな知見が「連結化」されます。ばらばらと出ていた意見や発見、反省などを連結化すると、ビジョンマップの更新の方向性、ビジョンのアップデートの方向性が見えてきたり、ビジョンに関する解釈を深めていくことができます。

では、ビジョンをつくる6つのステップ全体で考えたとき、それぞれのステップはSECIモデルにおいて、どのような位置づけになるでしょうか。先ほどご紹介した図6－5に重ね合わせて見ていきましょう（図6－6）。

ステップ1～2は「表出化」という知識をあぶり出す部分、ステップ3～4は「連結化」という情報を構成する部分にあたります。ステップ5は「内面化」という情報を個人の体験に落とし込む部分、ステップ6は「内面化」を通して「共同化」、さらに「表出化」までの大きな部分が該当します。

ステップ6は、これまで考えてきたビジョンをそれぞれの文脈で活動として落とし込み、そこで得られたフィードバックや感じた違和感を、次のビジョンづくりに向けてまとめる大切なステップであることがわかります。

活動で得られた知見を収集し分析する方法

それでは活動で得られた知見を収集して分析する具体的な流れを見ていきましょう。

①ビジョンに関係するさまざまな人を集める
「自分たち」として定義した人の中から、ビジョンのアップデートに協力して欲しい方に声をかけます。一度に集まりにくい場合には、数回にわけてもよいでしょう。

②これまでの活動の内容や文脈を共有する
ビジョンに影響している内容について、それぞれの現場での活動の内容、実態について共有します。

③ビジョンについて個人で感じていることを話してもらう

このときの有効な問いとしては、次のようなものがあります。

- つくりたい未来の風景に近づいているか？
- つくりたくない、最悪の未来の風景に近づいていないか？
- 自分たちらしさは発揮できているか？
- 理想とする自分たちの役割を担えているか？
- 参画者がこのビジョンに共感できているか？
- 参画者がこの活動に対して感じていることは何か？

うまくいったことだけでなく、うまくいかなかったこと、想定と違ったことなど、ネガティブなことも共有していきましょう。とくに、言葉にならないような小さな違和感ほど、ビジョンの価値を左右するような本質的な問題につながっている可能性があります。

④個人の知見、発見、意見を付箋紙に書いて並べる

さまざまな活動の中で、見えてきた個々人の知見や発見や意見に加え、ビジョンに対してできたこと、できなかったこと、違和感を抱いたこと、想定していなかったことなどが一覧できる状態になります。

⑤付箋紙の内容を「理由」別に分類する

なぜそのように感じたのか、中身を見ながら理由を書き出し、その内容別に付箋紙を分類します。たとえば、「ビジョンを意識するタイミングがなかった」「想定していたパートナーと出会えていない」「ビジョンに書かれている内容が現場の目標とかけ離れている」などです。

ここで明らかになることは、組織やチーム全体をマネジメントしている人にとっても、現場で活動している人にとっても、互いのことを知る大切な情報となるでしょう。「個人の知見」を共有する中で、他の文脈でも共通して見られたこと、組織全体にかかわることを見出しながら、「組織の知見」をとらえていきます。

ステップ6-3
ビジョンと施策をアップデートする

ビジョンをアップデートするための方針を明確にしたうえで、活動の中で得られたさまざまな知見をビジョンや施策やその管理方法へ反映します。

ビジョンと施策をアップデートする方法

①得られた知見から、アップデートすべき種類を分類する

感じ取った違和感や課題、得られた知見の種類を次の4種類程度に分類します。

- 理念に関するアップデート

自分たちらしさに関する違和感や課題があった場合は、理念に関するものであることが多いです。組織やチームの存在意義にかかわる大きなアップデートとなるでしょう。

- 方針に関するアップデート

自分たちの社会的役割や未来の社会像に関する違和感や課題があった場合は、方針に関するものであることが多いです。時代や状況に合わせてアップデートする必要があるでしょう。

- 施策に関するアップデート

活動内容やプロジェクトなどに関する課題はここに該当します。

- ビジョンの共有方法に関するアップデート

ビジョンや施策の内容とは関係なく、ビジョンのわかりにくさ、伝達範囲などに関する課題はこ

こに該当します。

②それぞれの課題に合わせた再検討のステップへ進む

- 理念に関するアップデート

ビジョンづくりのステップ1からあらためてやりなおしましょう。前回実施した内容をもとに、新たに得られた知見を追加しながらアップデートします。

- 方針に関するアップデート

ビジョンづくりのステップ2、またはステップ3をやりなおしましょう。時代に合わせてアップデートすることと、活動文脈に合わせてアップデートすることには違いがありますので、意識して検討しましょう。

- 施策に関するアップデート

活動を受けもつ担当部門や担当者にアップデートを委ねましょう。そのときに、ビジョンと施策との間にあるギャップをしっかりと共有し、アップデートの方向性を明確に伝える必要があります。

- ビジョンの共有方法に関するアップデート

ビジョンづくりのステップ4とステップ5について問題がなかったか、アップデートしてやりなおせることはないかを考えます。小さく試せることから始めましょう。

次にどのステップへ進むのかは、その課題次第です。個別の課題レベルで解決せずに、自分たちが立ち向かうべき課題を特定してから臨むことが重要です。

試しながらアップデートするポイント

全体のエコシステムを意識する

ビジョンは、さまざまな活動の方針を定め、判断基準と連携しています。先に述べたように、ビジョンから事業戦略へ、ビジョンからブランディング戦略へ、ビジョンから組織開発戦略へと、それぞれがシームレスにつながっています。

そこでとても重要なことは、活動それぞれを別々に考えないことです。できるだけ広い視野で活動を包括的にとらえながら、それぞれの関係性を意識して、改善案を検討する必要があります。ときには、組織の枠を越えて、自分たちが理解している範囲を越えて、ビジョンが影響を与えていることを知ることになるかもしれません。

ビジョンをつくっていくことでさまざまな人とつながり、境界を越えた活動を生み出すことができるからこそ、広い視野で全体をとらえることが必要なのです。

そしてそれぞれの活動を、期限の定まった単純行動の集まりとして考えるのではなく、循環するエコシステムとしてとらえる意識も欠かせません。

たとえば、アクションプランを時系列に左から右に一方向に流れる「矢羽型」で考えるのではなく、四方八方に矢印がはりめぐらされた「エコシステムマップ型」としてとらえるイメージです（図6－7）。

体験した身体感覚を共同化して「知見」として活かす

ビジョンをアップデートするきの質に影響を与えるのは、とても些細なことです。現場で活動して感じたこと、気づいたことなど、個人的な感覚にこそヒントが隠れています。

個人的に感じたことを組織やチーム全体のビジョンに反映させることは、なかなか難しいかもしれません。「自分だけの気持ちをまわりの人たちに話すなんてはずかしい」「客観的な根拠がないから、いってもしょうがないかな」と感じてしまう人もいることでしょう。

矢羽型

エコシステムマップ型

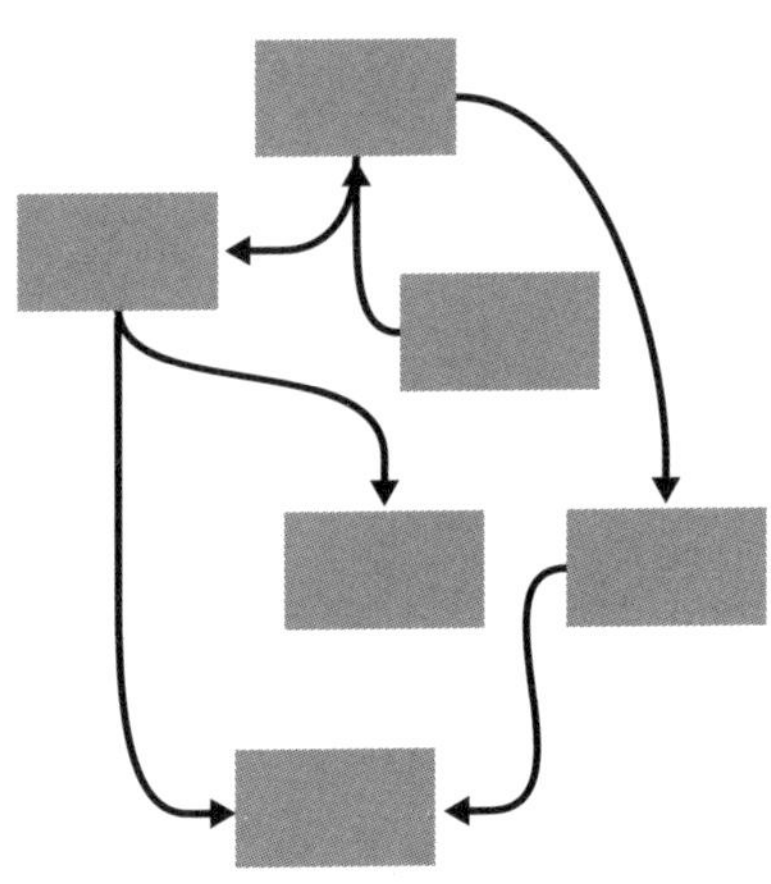

図6-7　矢羽型とエコシステムマップ型の活動計画

しかし、「ちょっとやりにくい」「なぜか気持ちが盛り上がらない」「人に話してみたら、腑に落ちていないことがわかった」というような個人的な身体感覚こそ、ビジョンと活動のギャップを改善していくための重要なアラートとなります。

一人ひとりが活動の中で感じたことを文脈の情報と一緒に集め、そこから学びを得ることで「個人の知見」を「組織の知見」にしていくことができます。データや数字になりにくい繊細でわかりにくい部分をいち早く感じ取るのは、自分たちの身体感覚なのです。

終章

共創する社会に向けて

ビジョンを活かし進化させていく思考と姿勢

ビジョンをつくり、組織やチームを動かしていく活動は、かなりパワーのいることです。残念なことに、パワー不足でビジョンづくりが頓挫してしまったり、面倒なことをさけるために当たり障りのないように調整した結果、誰にも伝わらないビジョンになってしまったりと、最後のステップ6までたどり着けないこともあるでしょう。

終章では、このような状態にならないように、ビジョンづくりに必要な考え方と姿勢について解説します。

ビジョンを神聖化しない

ビジョンは組織やチームの価値観をつくり、さまざまな思考の基準になりますが、神聖化され、崇められてしまうと、考えたことを「守る」ことに意識が向いてしまい、なぜそれがつくられたのか、なぜそれを大切にしていたのかという背景を忘れてしまいます。これでは組織、チームにとって悪影響を及ぼしかねません。

ビジョンを目にしたときに、「古く感じる」「わくわくしない」という状態であれば、もしかしたらすでに神聖化されているのかもしれません。そのようなときには、あらためてステップ1からやりなおすタイミングかもしれません。

自分たちの納得を重視する

ビジョンは自分たちの活動の価値を高めていくために、まずは自分たちにとってわかりやすく、納得できることが一番です。他組織や他チームと比較して考える必要はありません。たとえば新商品開発などでは独自性を重視してマーケティングを行うことがありますが、ビジョンを考えるときには、同様ではありません。独自性を追求しすぎてしまうと、発展的な解釈をしにくくなってしまったり、多くの人の心に響くビジョンになりにくくなってしまいます。組織外部と比較をするよりも、組織内部で納得できているかどうかを重視するほうが得策です。

結果的に他組織や他チームと似ているビジョンになったとしても、そこに行き着くまでのストーリーは違うはずです。自分たちが考えたことに誇りをもって、自分たちが納得できるものをつくりましょう。そしてその自信こそ、あきらめることなく何度もチャレンジしながらビジョンを実現していくために必要な原動力となります。

考えていることを可視化する

ビジョンづくりの過程では、概念的で目に見えない内容を扱います。抽象的な言葉づかいや絵空事の内容を扱うことも多く、不安に感じる方もいるかもしれません。

だからといってもんもんと一人で考えていても次に進めませんし、議論ばかりしていても検討している概念そのものをつかみとることはとても困難です。そこで頼りになるのが可視化です。

本書で紹介しているワークシートを活用したり、会議の中にグラフィックレコーディングを用いたりしながら、話したことや考えたことを見ながら話し合える場をつくれば、格段に概念的なことを考えやすくなるはずです。チームの共通認識をつくりながらビジョンづくりを進められます。

すべての話し合いを書き出すのは面倒だと感じるかもしれませんが、何時間もかみ合わない議論をしなくてすむと思えば、賢い選択だと思います。

伝統を尊びながらも習慣を疑う意識で臨む

長く続く組織や統治体制が整っている組織などでは、新しいビジョンを打ち立てていくことは容易ではありません。さまざまな仕組みや習慣などが成熟されているあまり、過去の延長線上でビジョンをとらえてしまいやすくなります。

さらに、挑戦することが過去の経験を否定してしまうと感じられるような局面もあるでしょう。しかし、社会的にさまざまな変化が起こっているからこそ、前例主義を打破していかなければなりません。当たり前になっていることや、習慣として行っていることが、本当に正しいことなのかを問い続ける意識が必要です。外部の人の意見に耳をすませながらゼロベースで考えていきましょう。

実践とダイアログの両輪でビジョンを育てる

ステップ6で記したように、ビジョンは実践してこそ意味を帯びていきます。絵に描いた餅のままで終わらないように、ビジョンに描いたことを一つでも、小さなことでもいいので試していきましょう。

ビジョンは「やってみる」&「ふりかえる」の繰り返しで、さらにパワフルに意味が強化され、広がっていきます。「やってみる」とは、たくさんの実践で実例をつくること、「ふりかえる」とは丁寧な対話を行うことで、互いの知見や発見を表出化させることです。

これらの両方を行いながら、ステップ6に示したようにビジョンを語るために実例を増やし、実例がさらに新たなビジョンを生み出していく、という好循環を目指しましょう。

境界を越えてつながり合う
バウンダリーオブジェクト

ビジョンはこれまで長い間、企業が成長していくために自分たちのために掲げていくものとしてつくられ、管理されてきました。しかし、社会課題の変化や社会状況の変化に伴い、ビジョンそのものの役割も変化してきています。

ビジョンを掲げるとは、「自分たちのつくっていきたい未来の社会像」を掲げることです。これは、社会づくりに興味をもつ人を集めやすく、協力しやすい状況をつくります。組織と組織がコラボレーションするきっかけを生み出したり、地域と組織を結びつけたり、個人が社会参加するための旗印になったりという役割をビジョンが担うようになってきたのです（図終－1）。

さまざまな境界を越えて、同じ価値観の人を集めたり、つながりをつくっていくことができる媒体、いわば「バウンダリーオブジェクト」として存在しています。

バウンダリーオブジェクトとは、異なるコミュニティなどの境界に存在する物や言葉、シンボルな

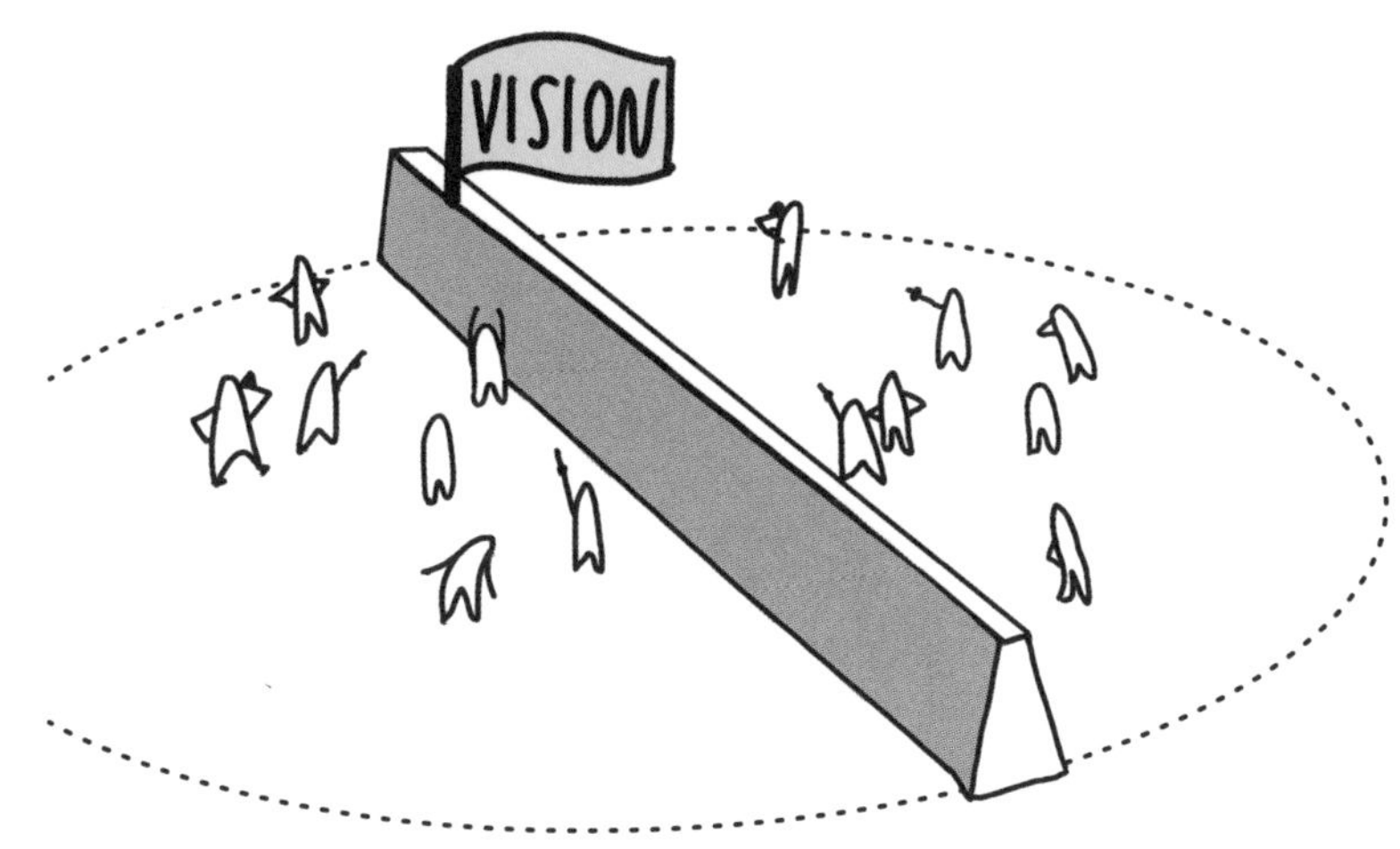

■ 図終-1　ビジョンがあれば境界を越えてつながれる

ど、媒介となるモノを指す言葉です。バウンダリーオブジェクトがあることで、それぞれのコミュニティの間に共通の理解をもたらし、境界を越えたつながりをもたらしてくれることがあります。

ビジョンをつくることでさまざまな人とつながり、コミュニティを広げることができるとしたらどうでしょう。一つの企業の中に閉じて考えず、社会にとっても個人にとっても組織にとっても嬉しいという三方よしの視点で考えることにもつながるでしょう。

正解のない時代でビジョンをつくるために

「何が正しいのかわからない状況で、自分たちでビジョンをつくり、進んでいく」

この本で紹介してきた方法を見渡してみると、実にさまざまなモノを見て、考えていることがわかります。「自分たちのこと」「社会のこと」「過去のこと」「未来のこと」「やってみたいこと」「実現したいこと」など、その視野はとても広くて深いものです。

ビジョンをつくる技術は、いまの時代に必要とされている「生き方の技術」ともいえるのではないでしょうか。さまざまな選択肢があり、決断を求められるからこそ、個性を活かしながら自分たちでアイデアを出し合い、選び、そしてまた考える。そういった歩き方が必要になってきたのだと感じます。

そして、この方法が役に立つのは、仕事の中だけではありません。所属する地元のスポーツチームをうまく運営していくために。あるいは住んでいるマンションのトラブルをなくしていくために。はたまた、子どもたちの学校行事を成功させるために。さらには、自分の人生を描き、自らで進んでいくために。

このようにありとあらゆる事柄に適応できる方法だと考えることができるはずです。なぜなら、ビジョンづくりの方法は夢を描き、実現していくという人の生き方そのものだからです。

しかしながら、「自分らしさを発見しよう」「試しながらアップデートしよう」ということは、小学校でも中学校でも、なかなか教えてもらえません。ともすると、「みんなと同じように正しくやりましょう」「しっかり計画してから、間違いのないように進めましょう」と教わります。

だからこそ、自分たちでやらなくてはいけません。

私たちが、私たちらしくビジョンをつくれたなら、そこには確かな自信とともに、私たちの道ができているはずです。

付録

ビジョンづくりの計画を立てる

ビジョンづくりのプロジェクト

付録では、実際に自分たちのビジョンづくりの計画を立てることをサポートする内容を掲載します。

ビジョンづくりに必要な時間は、組織やチームの状態によって変わってきます。明確なビジョンがあり、少ない人数で共有する場合は数日で実施できるかもしれませんが、組織の状態が複雑だったり、関係者が多かったりする場合は、数年かけて実施する必要があるかもしれません。初めてビジョンづくりに取り組む場合は、3～6か月くらいの期間で一通り試すことを目標にするとよいでしょう。

典型的な方法（ビジョンづくりジャーニー）に加え、短期集中型、一度つくり終わって二回目の進め方、ビジョンづくりのためのプロジェクトチームのつくり方、自分のためのビジョンづくりの方法までを紹介していきます。

ビジョンづくりジャーニー

ビジョンづくりの全体像をとらえやすくするために、全6ステップの活動内容と考える対象などを一覧にした「ビジョンづくりジャーニー」を掲載します（図付－1）。

ビジョンづくりの6ステップには合計20もの活動内容があり、また考える対象も次々と変化していきます。

ビジョンをつくっていると、「何をやっていたのかわからなくなった！」「このステップは、次のステップとどのように関係しているの？」というように不安になってしまうときもあるでしょう。そのときには、ビジョンづくりジャーニーで現在地点を確認することで、活動の意味や前後との関係性をとらえなおすことができます。

図付－1は、左から右へ時系列に活動内容と考える対象などを配列しています。図の上部には本書で記載したステップの内容を、中央には活動するときに考えていく対象を、下部にはステップ別に紹

適応

ステップ4 未来の風景を描き出す

4-1A　理想的な姿の構造をとらえる
4-1B　理想的な姿を抽象的にイメージする
4-2　未来の風景の構図を決める
4-3　ビジョンマップを描き出す

ステップ5 未来の自分たちを語り合う

5-1 ビジョンとその背景を共有する
5-2　一人ひとりが自分ごととして イメージし語り合う

ステップ6 試しながらアップデートする

6-1　ビジョンを活かす施策の検討
6-2　活動で得られた知見を収穫する
6-3　ビジョンと施策をアップデートする

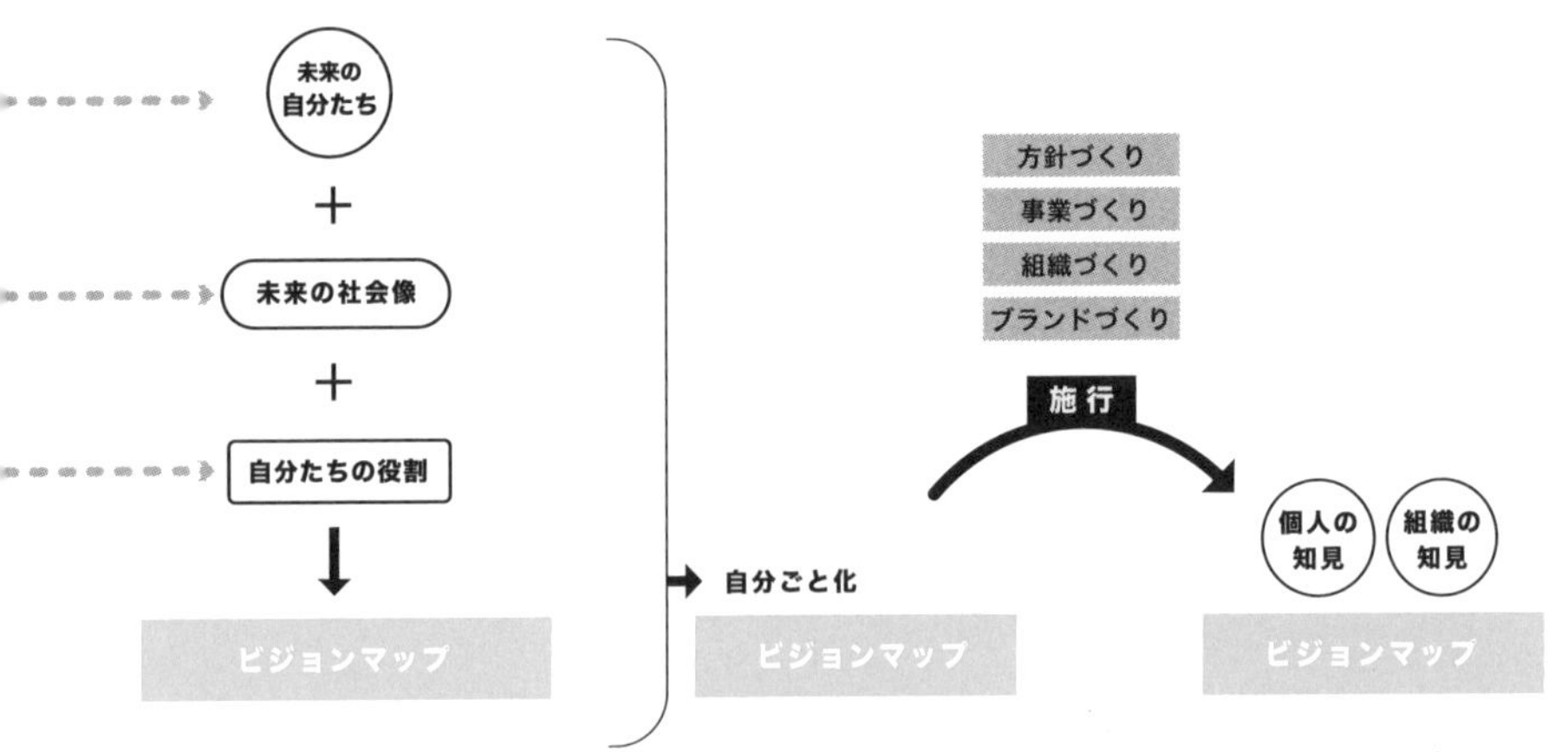

●ビジョンマップ
●ビジョンマップの15種の型
●理想的な関係性の検討
●抽象画アートワーク
●抽象画アートのワークシート

●エピソードトーク
●ストーリーテリング
●やってみたいことダイアログ
●一人ひとりの目標宣言

●ビジョンから始める戦略
●知見のアップデート
●ビジョンマップの改訂
●エコシステムマップ型活動計画

探索

構成

ステップ1 自分たちらしさを探索する

ステップ2 未来の社会像をイメージする

ステップ3 未来の自分たちの役割を見つける

1-1 「自分たち」の範囲を明確にする
1-2 自分たちについての情報を集める・思い出す
1-3 自分たちが大事にしていること・培ってきたことを明らかにする
1-4 一人ひとりの想いややってみたいことを素直に吐き出す
1-5 自分たちらしさをまとめる

2-1 社会が変化する兆しを集めてシートにまとめる
2-2 これから来るかもしれない社会の仮説を立てる
2-3 未来の社会像をまとめる

3-1 一人ひとりが考えて自分たちの役割を見出す
3-2 チームで注目すべき自分たちの役割を特定する
3-3 自分たちの役割の価値を整理する

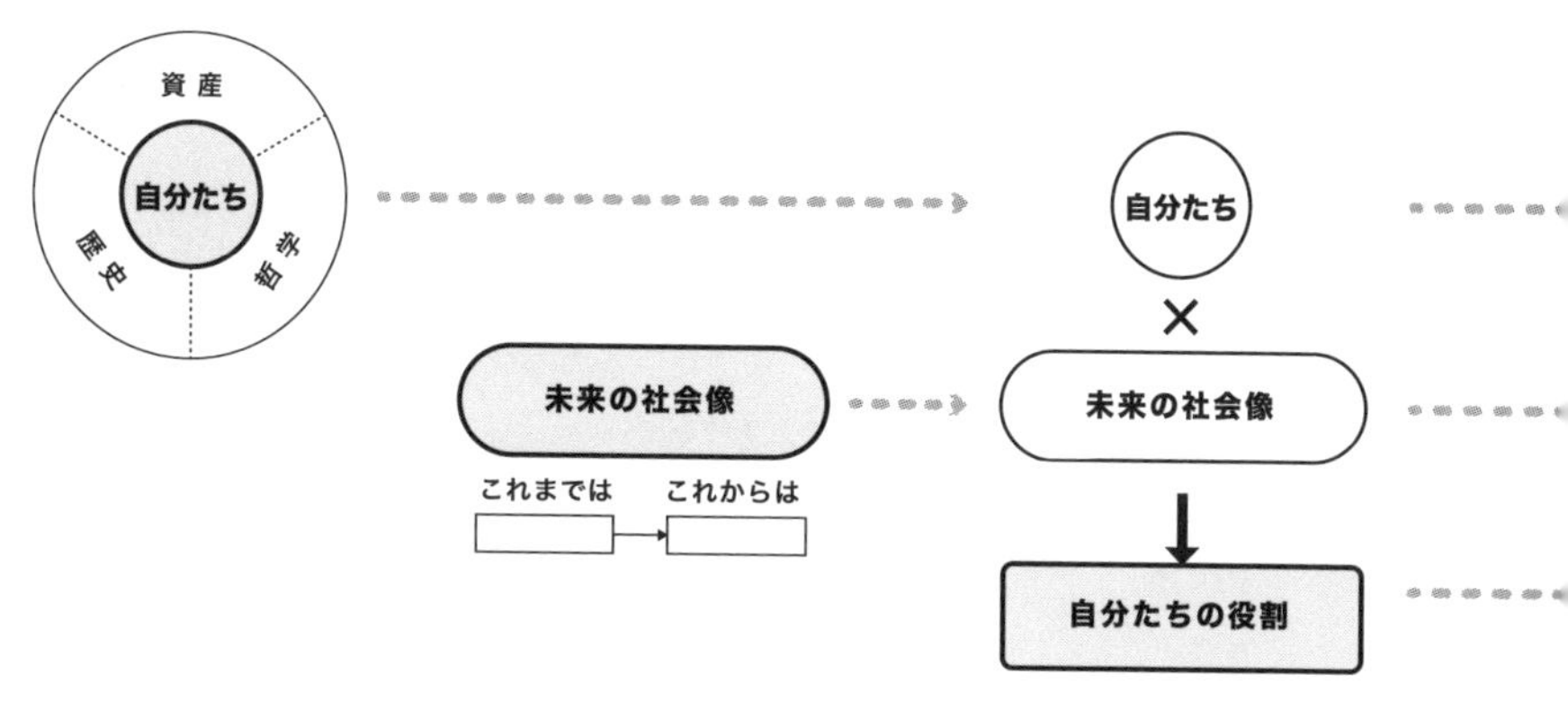

メソッドやツール

- ●未来の関係者リストの作成
- ●キーワードハーベスト
- ●自分たちらしさドーナツ
- ●ダイアログ
- ●自分たちらしさまとめシート

- ●未来洞察
- ●変化の兆しシート
- ●未来の社会像シート

- ●役割発見シート
- ●自分たちの役割探索
- ●社会像からの役割探索
- ●自分たちらしさからの役割探索

■ 図付-1 ビジョンづくりジャーニー

介したメソッドやツールなどを表示し、すべての内容を俯瞰できるようになっています。
ビジョンづくりを行う旅の地図として印刷して手元に置いたり、壁に貼り出してご利用ください。迷ったときの道標になるはずです。

短期集中型のビジョンづくり

短期集中型でビジョンをつくりたい場合には、2日間の合宿形式でのワークショップを行うのも効果的です（図付－2）。日常業務をシャットアウトして、2日間ビジョンづくりに没頭してみてはいかがでしょう。

ビジョンづくりでは、これからの自分たちのことを考えます。できるだけ日常業務とは切り離して行うことが必要です。普段の場所で普段の仲間と普段の道具で考えてしまっては、どうしてもいまの状況に関係するいまの課題に考え方が引っ張られてしまうからです。

特別な場所で特別な仲間と特別な道具を使い、特別な時間をつくることができれば、考え方もリフレッシュされて新たなことが生まれやすい状況になります。

事前課題

- 自分たちについての情報を集めてくる（1-2）
- 変化の兆しシートを一人３枚つくってくる（2-1）

1日目

ワークショップ・セッション１

ステップ1. 自分たちらしさを探索する

- 自分たちらしさの情報共有（1-3）
- 「自分たちらしさ探索」セッション（1-4）

ワークショップ・セッション２

ステップ2. 未来の社会像をイメージする

［省略版］

- 変化の兆しシートの共有（2-1）
- 「注目すべき社会変化」セッション（2-2）

ワークショップ・セッション３

ステップ3. 未来の自分たちの役割を見つける

- 役割発見シート記入（3-1）
- 「役割発見」セッション（3-2）

2日目

アートワーク

ステップ4. 未来の風景を描き出す

- 理想的な姿を描く抽象画アートワーク（4-1B）

ワークショップ・セッション４

ステップ4. 未来の風景を描き出す

- 理想的な姿を探り構図を検討する（4-2）
- ビジョンマップのたたきをつくる（4-3）

ワークショップ・セッション５

ステップ5. 未来の自分たちを語り合う

- 一人ひとりが自分ごととして語り合う（5-2）

事後課題

- 自分たちらしさをまとめる（1-5）
- ビジョンマップをまとめる（4-3）
- 自分たちの役割について価値を確認する（3-3）

■ 図付-2　ビジョンづくり集中合宿スケジュール案

たとえば、お寺の中で、海辺のコテージで、山の上で行ったり、異業種の専門家やアーティストを招いた合宿をしてみてもよいかもしれません。

また、短期間で実施するためには事前宿題を行うなどの準備も必要となります。2週間ほど前から情報収集や個人でできる課題を行うことで、2日間は集中して議論や対話をしていくことが可能となります。

ビジョンづくりの実施ステップ

くりかえし実施しながら適応させる

ビジョンづくりの実施ステップは「はじめてのビジョンづくり」「時代に合わせたビジョン調整」「ビジョンマップチューニング」といったように組織の状況に合わせてアレンジすることができます（図付－3）。

はじめてビジョンをつくるときは、ステップ1からステップ6までを順番に進めていくことをおすすめします。じっくり取り組む場合にも、素早く取り組む場合にも、効果的に進めるためには6つのステップすべてを行う必要があります。

しかし2回目以降であれば、さまざまな選択肢が出てきます。たとえば、すでにあるビジョンを時代に合わせて調整したいときには、ステップ2からはじめてもよいでしょう。ステップ1で探索する「自分たちらしさ」は、本質的で変化しにくい性質をもっているからです。

また、4月に新入社員と一緒に「ステップ2　未来の社会像をイメージする」の活動を行い、その年のビジョンの調整を始める方法もあります。新しいメンバーとのチームビルディングができるうえに、変化している社会像をフレッシュな新入社員と考えることは、組織に新鮮な風を招き入れることになります。

毎年の創業記念日に合わせて、ワークショップをする方法もあります。「ステップ2　未来の社会像をイメージする」や「ステップ3　未来の自分たちの役割を見つける」のワークショップを行い、時代に合わせた自分たちの新たな目標を見据えることで、これからの1年をフレッシュな気持ちで始められます。

あるいは、ビジョンマップなどのアウトプットだけをチューニングする場合には、ステップ4とス

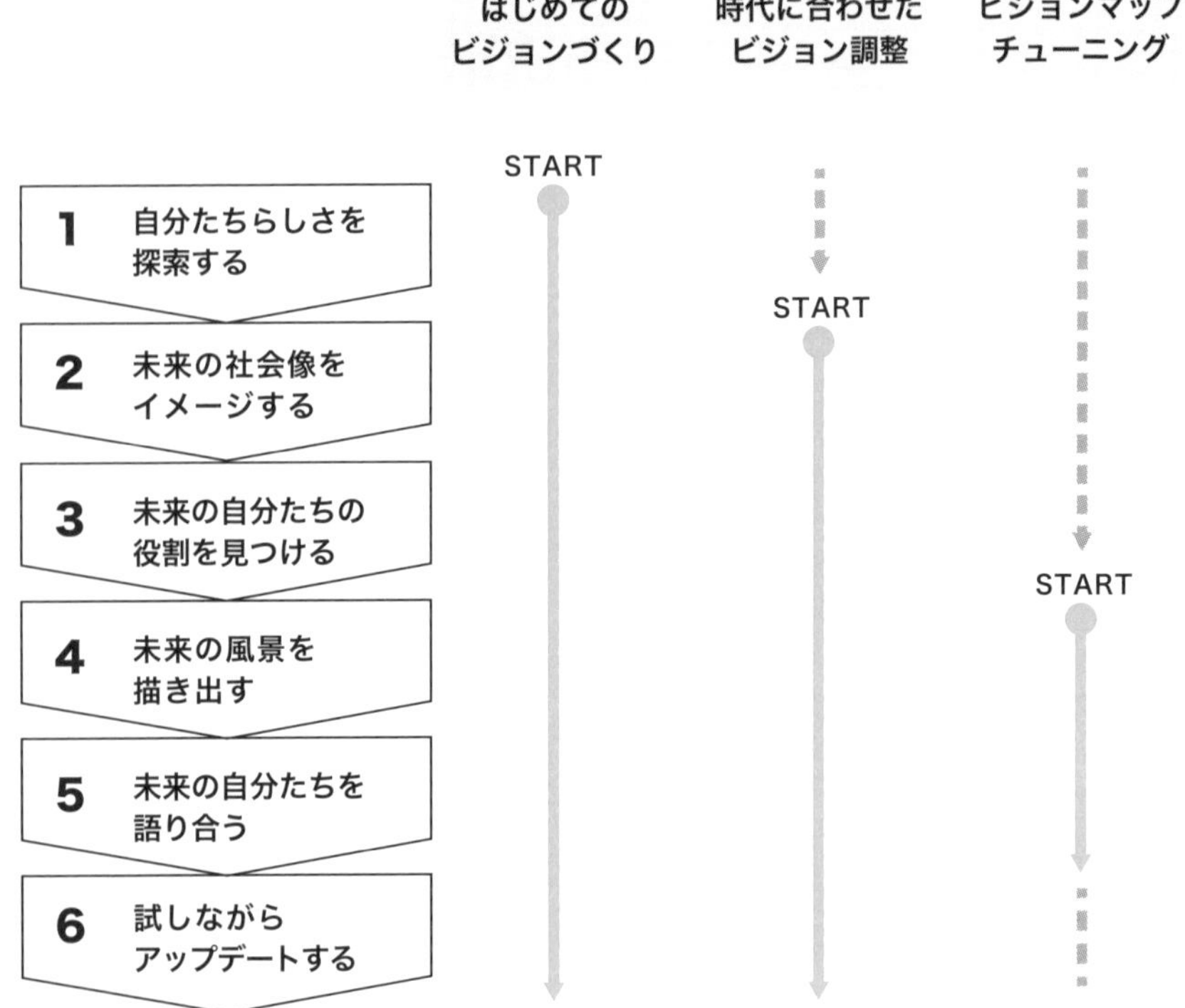

■ 図付-3 ビジョン活用の適応ステップ

テップ5を中心に行うとよいでしょう。

たとえば、異動によって組織やチームの中にあるスキルセットが大幅に変わることがあるかもしれません。その際、ビジョンそのものは変わらずとも、自分たちが進んでいく方法などは変わっていくでしょう。

ビジョンマップを見ながら、より最適な構造や表現にチューニングすることで、自分たちにフィットし続けるビジョンを掲げることができます。

オンライン会議でできるステップ

テレワーク環境の普及により、オンラインで会議やワークショップができるようになった組織も多いでしょう。ビジョンづくりもオンラインの会議やワークショップで進めたいという要望をよく耳にします。

しかし、ビジョンづくりのような複雑な思考と合意形成が必要なアプローチでは、オンライン会議が不向きのものもあるので注意してください。

オンライン会議でも実施可能なステップは次のものとなります。

- 個人で情報収集をしたり、書き出しするステップ

1-2 自分たちについての情報を集める・思い出す

2－1　社会が変化する兆しを集めてシートにまとめる
3－1　一人ひとりが自分たちの役割を見出す　など

・合意形成ができた前提で代表者がリードして進められるステップ
1－5　自分たちらしさをまとめる
2－3　未来の社会像をまとめる
3－3　自分たちの役割の価値を整理する
5－1　ビジョンとその背景を共有する　など

一方で、オンライン会議では実施不可能なステップは次のものです。

・本音を吐き出すステップ
1－4　一人ひとりの想いややってみたいことを素直に吐き出す

・顔や態度を見ながら率直に高度な議論が必要なステップ
2－2　これから来るかもしれない社会の仮説を立てる
3－2　チームで注目すべき自分たちの役割を特定する
4－2　未来の風景の構図を決める　など

- なじみのないことにチャレンジするステップ
　4－1B 理想的な姿を抽象的にイメージする　など

概念的で抽象的な議論が多いビジョンづくりでは、総じて参加者にとって「わかりにくい」「話しにくい」状況が続きます。

オンライン会議でも実施できるとはいえ、互いに膝をつき合わせて議論や対話をしながら、共につくる時間がしっかりとれることが大前提となります。

プロジェクトチームづくり

ビジョンづくりのためのプロジェクトチームを編成するときには、自分ごととしてかかわりつづけられる体制が重要です。なぜなら、ビジョンをつくりあげた後、そのチームを離れる人が出てしまうことがとても多いからです。

プロジェクトチームから一緒にビジョンをつくりあげたメンバーが離れてしまうと、ビジョンを現場に適応させる活動が手薄になり、組織に根づかないことにもなりかねません。たとえば、経営企画部の人がビジョンだけをつくり、その後のステップを担当する事業部に任せてしまうといったことはあまり好ましくありません。

ビジョンづくりのためのプロジェクトチームの中に、そのビジョンを活用して現場で率先して活動するメンバーを入れる必要があります。

また、さまざまな立場、さまざまな知見をもった人が集まるようなプロジェクトチームが理想です。歴史のある組織やチームであれば、過去の経緯を知っている人と新しく配属された人の両方がいるようにするなど、意見が偏ってしまわないように配慮しましょう。

自分のための自分ビジョンづくり

本書のビジョンづくりは、個人のビジョンをつくる際にも応用できます（図付－4）。自分のことを見つめ直し、これからどのような活動をしていくべきか、じっくり考えてみてはいかがでしょうか。

ステップ1の「自分たち」を「自分」に置き換えるだけで、自分だけのビジョンをつくれます。自

自分ビジョンづくりの6ステップ	活動内容（参考になる章）
ステップ1　自分らしさを探索する	大切にしていることややってみたいことを書き出すことで客観的にとらえなおし（1-1） 自分らしさを受けとめる（1-2）
ステップ2　未来の社会像をイメージする	身の回りにある小さな変化の兆しをリストアップし（2-1） 自分の生活に起きそうなことを想像する（2-2）
ステップ3　未来の自分が担える役割を見つける	未来の社会像と自分たちらしさを掛け合わせることで（3-1）、さまざまな視点から 自分が担える役割を見つけ出す
ステップ4　未来の風景を描き出す	これまで検討してきた素材を統合し 一枚の絵にまとめる（4-2）
ステップ5　未来の自分を語る	自分の未来について語り（5-1） 人の意見に耳をすませてアイデアを追加する
ステップ6　試しながらアップデートする	日常の中で試しながら 活動で得られた気づきをメモし 次に活かす（6-3）

■ 図付-4　個人用ビジョンづくりの6ステップ

分のビジョンマップができたら、まわりの人に自分の考えを語り、フィードバックやヒントを得たり、実際にいくつかの施策を試してみたりすることで、自分のビジョンをアップデートすることができるでしょう。

たとえば、年末に一年間をふりかえるときや、年始の書き初めのタイミングで新たに始まる年の自分のビジョンをつくってみてもよいかもしれません。また、子どもと一緒に未来のことを考えてみてもよいでしょう。

おわりに

小さいころ「将来は何になりたい？」と聞かれたことはありますか？

「宇宙飛行士！」「パン屋さん！」「アイドル！」など、きっと好きな職業や憧れの世界などを口々に声に出していたのではないでしょうか。

幼少期の私は、ピアノの先生と言っていたのを覚えています。

しかしいまから思うと、ピアノの先生は私がなりたい職業ではありませんでした。小さかった私は、「好き」という概念も自覚しておらず、そもそも「将来」という言葉の意味すら理解していなかったからです。ただ、そのときに知っていた仕事から、一番のお気に入りを選択していただけでした。

そして、小学校の高学年のときに再び、「将来は何になりたい？」と考えるチャンスがやってきました。私は「職業の名前はわからないけど、何かをつくる仕事」と答えていました。

好きなことが見え始めていたけれど、それがどんな風に仕事と結びつくのかがまったく想像できなかったからです。

そのときの先生がおっしゃいました。

「未来には、いまはまだない職業も増えていくでしょう。選択肢ももっともっと増えて、どんどん悩むことになるかもしれません。もしかしたら、自分で新しいことを始める人もいるかもしれませんね。でも、それを探していくためには、たくさんのことを学んでいかなければいけません。世の中にあることに興味をもっていきましょう」と。

そのとき、私はハッとしました。それまで、「将来は何になりたい?」という問いには、答えがあるものだと思っていたのです。

褒められるような答えをいわなくてはいけない、すごいねといわれるものを探さなくてはいけないと考えていました。

しかし、自分がやりたいことは自分で決めていく、というあたりまえのことに気づいたのです。

ビジョンづくりにも同じことがいえるのではないか、と思います。

自分たちの「好き」「やりたい」が自覚できていない場合。将来が見えていない場合。知っていること、わかりやすいものを掲げてビジョンにしてしまおう、と考えてしまいます。

自分たちのことを考えるのはとても労力がいりますし、将来のことを考えるのは面倒です。

しかし、自分たちのことを知り、世の中のことを知っていくという意思と努力が伴えば、この先、どんな変化があっても、荒波が来ても、自分たちで舵取りをしていけるのではないでしょうか。

「ビジョン」という言葉の語源は、ラテン語の「Videre：見る」であるといわれています。

視界の悪い時代だからこそ、自分たちのビジョンを鮮明に見えるようにすることに意義があるのだと思います。

２０２３年10月

三澤直加

本書に関する
お問い合わせ

このたびは翔泳社の書籍をお買い上げいただき、誠にありがとうございます。弊社では、読者の皆様からのお問い合わせに適切に対応させていただくため、以下のガイドラインへのご協力をお願いいたしております。下記項目をお読みいただき、手順に従ってお問い合わせください。

■ ご質問される前に

弊社 Webサイトの「正誤表」をご参照ください。これまでに判明した正誤や追加情報を掲載しています。

正誤表 https://www.shoeisha.co.jp/book/errata/

■ ご質問方法

弊社 Web サイトの「書籍に関するお問い合わせ」をご利用ください。

書籍に関するお問い合わせ　https://www.shoeisha.co.jp/book/qa/

インターネットをご利用でない場合は、FAX または郵便にて、下記 “ 翔泳社 愛読者サービスセンター ” までお問い合わせください。電話でのご質問は、お受けしておりません。

■ 回答について

回答は、ご質問いただいた手段によってご返事申し上げます。ご質問の内容によっては、回答に数日ないしはそれ以上の期間を要する場合があります。

■ ご質問に際してのご注意

本書の対象を超えるもの、記述個所を特定されないもの、また読者固有の環境に起因するご質問等にはお答えできませんので、あらかじめご了承ください。

■ 郵便物送付先およびFAX 番号

送付先住所　〒160-0006 東京都新宿区舟町5
FAX 番号　03-5362-3818
宛先　(株)翔泳社 愛読者サービスセンター

※ 本書に記載された URL 等は予告なく変更される場合があります。

※ 本書の出版にあたっては正確な記述につとめましたが、著者や出版社などのいずれも、本書の内容に対してなんらかの保証をするものではなく、内容やサンプルに基づくいかなる運用結果に関してもいっさいの責任を負いません。

※ 本書に記載されている会社名、製品名はそれぞれ各社の商標および登録商標です。

※ 本書に記載されている情報は 2023年10月執筆時点のものです。

会員特典データの
ご案内

本書の読者特典として「ビジョンシート」一式のPDFファイルをご提供いたします。
次のサイトからダウンロードして入手してください。

https://www.shoeisha.co.jp/book/present/9784798179957

※ 会員特典データのファイルは圧縮されています。ダウンロードしたファイルをダブルクリックすると、ファイルが解凍され、ご利用いただけるようになります。

「ビジョンシート」一式には以下25点のPDFファイルが入っています。

ビジョンマップテンプレート15点

・タウンプレート
・ビジョンツリー
・パーパスシップ
・フューチャーピクチャー
・文化の塔
・鳥瞰図
・ビジョンブリッジ
・パーソナルビジョン
・フューチャーバブル
・バブル創出モデル
・ロードマップモデル
・シナジーモデル
・ビジョン共創モデル
・地層モデル
・フラワーモデル

ワークシート6点

・自分たちらしさドーナツ
・自分たちらしさまとめシート
・変化の兆しシート
・未来の社会像シート
・役割発見シート
・抽象画アートのワークシート

参照シート4点

- ・ビジョンをつくるワークシート一覧表
- ・ビジョンをつくる6ステップホイール
- ・ビジョンづくりジャーニー
- ・ビジョンづくり集中合宿スケジュール案

■ 注意

※ 会員特典データのダウンロードには、SHOEISHA iD（翔泳社が運営する無料の会員制度）への会員登録が必要です。詳しくは、Web サイトをご覧ください。

※ 会員特典データに関する権利は著者および株式会社翔泳社が所有しています。許可なく配布したり、Webサイトに転載することはできません。

※ 会員特典データの提供は予告なく終了することがあります。あらかじめご了承ください。

■ 免責事項

※ 会員特典データの記載内容は、2023年10月現在の法令等に基づいています。

※ 会員特典データに記載されたURL 等は予告なく変更される場合があります。

※ 会員特典データの提供にあたっては正確な記述につとめましたが、著者や出版社などのいずれも、その内容に対してなんらかの保証をするものではなく、内容やサンプルに基づくいかなる運用結果に関してもいっさいの責任を負いません。

[著者略歴]

三澤直加（みさわ・なおか）

株式会社グラグリッド代表／ビジョンデザイナー

1977年長野県生まれ。2000年金沢美術工芸大学プロダクトデザイン専攻卒業後、UXデザイナー、デザインリサーチャー、サービスデザイナーを経験。2011年、受注型のデザインから共創型のデザインの実現を目指して株式会社グラグリッドを設立。「可能性を覚醒させる」をモットーに、創造的な文化をつくる戦略パートナーとして、大企業から地域のコミュニティまで、さまざまな組織に伴走。ビジョンづくり、事業づくり、組織づくり、ブランドづくりを統括するデザイン経営を支援する。絵や図を描きながら考える「ビジュアル思考」スタイルは、組織における合意形成、個性の発見、企画力の向上において多くの成果を生み出している。近年は、デザインのちからを社会へひらいていくために、知識創造の場づくり、創造性開発メソッドの開発、共創コミュニティの企画運営を行い、多くのデザイナーを育成している。著書に『ビジュアル思考大全』（翔泳社、2021）など。

ブックデザイン　沢田幸平（happeace）
DTP　株式会社 シンクス

正解がない時代のビジョンのつくり方

「自分たちらしさ」から始めるチームビルディング

2023年11月15日 初版第1刷発行

著者　三澤 直加（みさわ なおか）
発行人　佐々木 幹夫
発行所　株式会社 翔泳社（https://www.shoeisha.co.jp/）
印刷・製本　中央精版印刷株式会社

本書へのお問い合わせについては、236ページに記載の内容をお読みください。

造本には細心の注意を払っておりますが、万一、乱丁（ページの順序違い）や落丁（ページの抜け）がございましたら、お取り替えいたします。03-5362-3705 までご連絡ください。

ISBN 978-4-7981-7995-7

Printed in Japan